LETTRES D'UN PERE DU CONCILE VATICAN II SUR LE DÉROULEMENT PEU SATISFAISANT DE SES ASSISES

KIANGU Sindani

LETTRES D'UN PERE DU CONCILE VATICAN II SUR LE DÉROULEMENT PEU SATISFAISANT DE SES ASSISES

L'Harmattan

5-7, rue de l'École-Polytechnique ; 75005 Paris

http://www.librairieharmattan.com
diffusion.harmattan@wanadoo.fr
harmattan1@wanadoo.fr

ISBN : 978-2-343-10074-6
EAN : 9782343100746

Aux **Africains**, les grands muets de Vatican II, pour que leur « *Je suis chrétien* » cesse d'être un constat résigné, pour devenir une affirmation dynamique :

« ***Car tout le problème est là*** *: Comment dire Dieu en Afrique noire, cette région du monde que les puissances de l'argent ont décidé de faire une réserve d'esclaves et de main-d'œuvre à bon marché, dans une pratique de la foi où il s'agit de savoir ce que je veux faire de l'homme placé sur mon chemin : un être humain qui a droit à la vie ou bien un esclave à vie ? Pour les Eglises, la question posée par cette situation est claire : chaque jour, au nom de l'Evangile, écrire l'histoire de la libération effective des opprimés* ».

Cf. ELA Jean-Marc, conclusion de son livre : *Le cri de l'homme africain. Questions aux chrétiens et aux églises d'Afrique*, L'Harmattan, Paris, 1980, p.166.

SOMMAIRE

AVANT-PROPOS 11

PREAMBULE :
MGR JOSEPH GUFFENS, PERE CONCILIAIRE 15

PROLOGUE :
UN CONCILE *«PLACET IUXTA MODUM»* 21

1. Un « brigandage d'Ephèse » ? 22
2. Une mise à jour très conflictuelle 26
3. Un concile, miroir d'un monde d'exclusion 29
4. Une union hypothéquée par le poids de l'histoire 31
5. Un concile marqué par des particularismes 33

LETTRES DE MGR GUFFENS AU PERE VAN WING 35

1. Session I (1962) 35
2. Session II (1963) 50
3. Session III (1964) 83
4. Session IV (1965) 87

EPILOGUE :
UN CONCILE ENTRE *AULA,* COULISSES ET SAINT-ESPRIT 105

ANNEXES : 109

1. Coetus Internationalis Patrum 109
2. Deux sons de cloche post-conciliaires :
   « progressistes contre conservateurs » 111

GLOSSAIRE 123

Les correspondants

Mgr Joseph GUFFENS

(Photo 1958 : Exposition Universelle de Bruxelles).

Né le 23 mars 1895 à Bruxelles / Saint-Josse-ten-Noode, mort le 21 juin 1973 à Bruxelles / Etterbeek. De nationalité belge, il est entré dans la Compagnie de Jésus en 1913 ; il est ordonné prêtre le 24 août 1926. A partir de 1921, il devient missionnaire au Congo Belge où il crée en 1937, la congrégation des Frères Joséphites de Kinzambi. Choisi Vicaire Apostolique coadjuteur avec droit de succession du Kwango en 1949, il y résidera jusqu'en décembre 1953. Puis il va encadrer les étudiants inscrits en Propédeutique à Lovanium jusqu'en juillet 1954. Il regagne Bruxelles où, à partir de 1955, il organise la participation des missions belges à l'Exposition Universelle de Bruxelles de 1958. Il est père du concile Vatican II de 1962 à 1965.

Père Joseph VAN WING

(Photo 1911 : Départ en Afrique).

Né le 1er août 1884 à Herck-la-Ville, mort le 30 juillet 1970 à Tronchiennes. De nationalité belge, il est entré dans la Compagnie de Jésus en 1904 ; il est ordonné prêtre le 21 avril 1918. A partir de 1911, il devient missionnaire au Congo Belge où il résidera jusqu'en 1945 avant de s'installer à Bruxelles où il continuera à soutenir l'Eglise du Congo Belge. Ethnologue, il réalisa plus de 200 études, dont *Etudes Bakongo* (deux volumes : *Histoire et Sociologie*, 1921 et *Religion et Magie*, 1938) qui demeurent encore aujourd'hui une œuvre de référence et un classique de la sociologie et de l'ethnologie africanistes.

AVANT-PROPOS

La préparation de jeunes religieux à la vie dans l'église et le monde de ce temps est la responsabilité que l'ASUMA / Assemblée des Supérieurs Majeurs, rejointe rapidement par l'USUMA / Union des Supérieures Majeures, confia en 1991 à l'I.S.A. / Institut de Spiritualité Africaine. J'y participai dix-huit ans durant.

Je pus donc y expérimenter comment l'aggiornamento recherché par l'église conciliaire était difficile à mettre en œuvre, tant était grande la résistance des traditions, des habitudes et des représentations parfois séculaires. Une des conséquences est que l'I.S.A. jugé trop réflexif, dut céder la place à l'I.S.P.R. / Institut Supérieur de Pédagogie Religieuse enfermé dans la pratique enseignante.

Cette expérience se réalisa à travers deux éléments importants. D'abord la *Revue de Spiritualité Africaine* que j'y créai et animai, et que d'aucuns en haut lieu auraient voulu voir s'intituler *Revue Africaine de Spiritualité.* Il était, me dit-on, aberrant de parler d'une spiritualité particulière au sein de la catholicité ; celle-ci était et se devait être unique. Je passai outre, m'estimant n'avoir de compte à rendre qu'à Dieu seul. Et la colère du père René De Haes d'exploser lors d'une réunion du Conseil de rédaction parce qu'il avait été interpellé par « Rome » - à quel titre ? - à cause de la publication dans nos colonnes, d'un tel article jugé trop osé, progressiste.

La logique religieuse africaine de chercher à savoir comment proclamer le message de libération divine dans des contextes de domination et à défataliser, est ce qui choquait grandement ceux qui entendaient mesurer leur formation à leurs néophytes pour en faire de simples répétiteurs et mieux les garder sous tutelle. Hélas !

Mais il y eut surtout les drames vécus par plusieurs de nos étudiants devenant *persona non grata* dans leurs congrégations à cause de la remise en question existentielle à laquelle aboutissait cette formation et perceptible dans leurs mémoires de fin d'études. Plus d'un furent interdits de continuer à traiter d'un sujet en rapport avec leurs congrégations, certains étant même obligés de démissionner ! Et pourtant les sœurs Masila Chantale, Ilundu Vitaline, etc., étaient pleines de cette foi à la limite de la naïveté, qui marque la jeunesse congolaise.

Je me rappelle encore comme si cela eut lieu hier, de la colère des tout derniers étudiants de l'I.S.A. qui, dans leur discours d'au-revoir lors de la collation des grades académiques en juillet 2003 et par la bouche de leur major, la révérende sœur sénégalaise Louise Marie Diaw, laissèrent exploser leur colère contre la décision de leurs supérieurs religieux de faire de l'Institut de Spiritualité Africaine, un simple Institut Supérieur Pédagogique. Avec toute la ferveur de leur jeunesse, ils leur dirent que l'Afrique ne sera éveillée que si elle parvenait à se percevoir, à penser et à agir *autrement,* c'est-à-dire « à se reprendre *autrement* en scrutant de nouveau ses éléments constitutifs, dont la vie religieuse »[1]. C'était là exiger que survienne réellement l'aggiornamento.

Ce séjour à l'I.S.A. me permit de rester relié à mon passé plus lointain duquel ce livre tire sa prime origine. En effet, du temps de ma formation religieuse chez les Frères Joséphites de Kinzambi, Théophile Masungi, mon maître de noviciat de pieuse mémoire, mit son ardeur à nous introduire dans les méandres de cet aggiornamento lancé

[1] Lire : DIAW Louise Marie, *Réinventer la vie religieuse en Afrique. Formation et mission autrement,* mémoire de Graduat, I.S.A., 2003. C'est une vitrine par excellence de l'esprit qui animait cet institut.

par le concile Vatican II qu'il vécut lui-même presque *in live* en Occident. Car pendant sa formation à l'institut Lumen Vitae de Bruxelles de 1962 à 1964, il vécut comme qui dirait dans l'antichambre du père conciliaire Mgr Guffens, le fondateur de sa congrégation.

Comment l'intérêt pour Vatican II aurait-il pu ne pas être gardé vif en moi par les dix-huit années passées à écrire « *Préparer un peuple parfait* », mon premier livre sur Guffens ? Mais, hélas, la documentation guffensienne trouvée à cet effet au Congo ne put répondre à bien d'interrogations sur l'aggiornamento auquel il participa aux premières loges, car il s'agissait principalement de la correspondance adressée aux Frères Joséphites et qui n'abordait que les aspects accessoires et logistiques de cette participation.

De fait, pendant les assises de Vatican II (Rome, 1962-1965), le père conciliaire Joseph Guffens entretint une riche correspondance avec ses amis du Sud, notamment ceux de la congrégation des Frères Joséphites de Kinzambi qu'il avait lui-même créée. Il eut des échanges particulièrement avec les Frères Emmanuel Mukusa et Alphonse Fumusangi, respectivement Supérieur Général et Maître des novices. Ceux-ci auraient tant voulu le voir tenir une chronique à leur intention. Il se l'interdit puisque très délicat, car ces amis n'étaient pas des *experts*. Mais il leur envoya des lettres d'information générale, ainsi que des coupures de journaux.

Mgr Guffens entretint aussi une riche correspondance avec ses confrères et confidents jésuites de Bruxelles, à savoir le père Joseph Van Wing et, en retrait, le révérend père provincial Snoeck ; laquelle correspondance est au cœur de ce livre. C'est donc avec force que j'ai salué le concours de circonstances qui me donna l'opportunité d'aller à cette dimension événementielle de ce concile.

En effet, l'invitation lancée à Idesbald Goddeeris, professeur à la K.U.Leuven, à venir co-animer mon séminaire d'histoire sociale à l'UNIKIN en 2011, me valut en retour un *fellowship* qui me permit de mener un mois durant l'année suivante, des recherches au Centre de Documentation et de Recherche sur la Religion, la Culture et la Société / KADOC de la K.U.Leuven. Je pus ainsi, avec le soutien de Jan De Maeyer et Peter Heyrman, respectivement directeur et responsable de la recherche du centre, me plonger dans le fond archivistique que venaient d'y déposer les Jésuites belges de la province flamande. Les « *papiers Van Wing* » retinrent aussitôt mon attention.

Le père Van Wing avait été toute sa vie durant missionnaire au Congo. En accord avec les traditions jésuites, il avait accepté d'être l'admoniteur de son confrère jésuite Guffens à partir de la décennie 1920. Ce long échange, véritable livre ouvert sur cinquante ans d'histoire congolaise, a l'avantage d'être centré sur des questionnements existentiels et représente en ce qui concerne Vatican II, un véritable chemin menant de la scène aux coulisses conciliaires. Il donne de ce concile une image au ras-du-sol, c'est-à-dire une église qui est largement une œuvre humaine avec ses hommeries.

C'est dire que le présent livre se veut avant tout l'expression d'une longue quête intellectuelle visant à mieux appréhender le monde post-conciliaire et surtout à comprendre les racines des ratés constatés dans le vécu de son aggiornamento. Je les place dans l'obligation faite aux théologiens de réaliser une réflexion croyante. En clair, ils devaient privilégier l'Eglise plutôt que le Christ, de peur de dénuder ce « fils de Dieu » chrétien pour le ramener à sa dimension plus humaine : celle d'un maître spirituel.

Et pour avoir rendu cette aventure possible, je voudrais remercier toutes ces personnes rencontrées sur mon chemin, notamment à l'I.S.A. et au KADOC, pour la plupart vivant dans l'anonymat du temps. Par leur vie et leur parole, ils m'ont renforcé dans mon intention de revisiter Vatican II et ont été pour moi, à leur insu, un support moral et intellectuel.

Préambule :
MGR JOSEPH GUFFENS PERE CONCILIAIRE[2]

Par temps de brouillard, le *Kwilu* est invisible à 50m de distance. Douterait-on que ses eaux descendent vers l'océan ? Allez raconter à Gomena, à Imbongo ou ailleurs que le Kwilu est à sec, qu'on y voit dans quelques creux se débattre des poissons. Les gens viendront voir : ils écoutent les farceurs et prêtent l'oreille à des fables ineptes.

En réfléchissant, on constate qu'au cours des années, il en fut maintes fois ainsi. En vérité, c'est que la caravane humaine ne suit pas une voie horizontale. Il y a des déviations, des montées et des pentes. Peu importe si l'on suit le guide autorisé. Car que gagnent les borgnes que nous sommes tous, à suivre des aveugles que nous ne sommes pas tous ?[3]

Dans la seconde lettre que saint Paul écrivait à son disciple et ami Timothée, évêque d'Ephèse, on peut lire : « *Un temps viendra où les hommes ne supporteront plus la saine doctrine; au gré des passions, agacés par des propos inconsidérés, ils suivront des maîtres de leur choix et accueilleront d'insipides fables* ».

---

[2] Il s'agit ici de la synthèse que les lettres guffensiennes m'inspirèrent quand je prêtai ma main à celle inerte de Mgr Guffens, dans le livre que je lui consacrai en 1992 : KJANGU Sindani, *Préparer un peuple parfait. Mgr Joseph Guffens. 1895-1973,* Ed. Saint Paul Afrique, Kinshasa, 1992, chapitre 19, pp. 151-153.

[3] Voir : GUFFENS Joseph, *Lettre aux Frères Joséphites* (tous), Bruxelles, 9 décembre 1968

Ce temps vint souvent au cours des siècles; il reparaissait alors[4].

En effet, les temps étaient alors troubles; il en fut ainsi au 16ème siècle et au début du 20ème siècle, qui ne furent pas les seuls depuis 1000 ans. Le monde traversait une crise semblable - et pas identique - à celle du modernisme autour de 1900, à celle qui suivit la *Grande Guerre* de 1914-1918, aux formes de protestantisme, aux schismes d'Orient (800-1100) et d'Occident avec ses trois papes, à l'arianisme à l'époque apostolique[5].

Ce qui était désormais caractéristique, c'était que les mass médias dus à la science - et c'était heureux - faisaient que ce qui se disait à Bruxelles, Paris, Tokyo, Berlin, Moscou, Pékin, Rome, New York, Bogota ou Oslo était connu et commenté le jour même partout dans le monde, en Europe, en Asie, en Afrique ou en Amérique, pour le profit moral de l'humanité ou pour son malheur.

C'est dans ce contexte que le 13 août 1962, Guffens reçut l'appel officiel du pape Jean XXIII au deuxième concile du Vatican, ainsi que *sub secreto* les premiers *schemata* qui seront la base des travaux. Qui eût dit autrefois et pendant les années douloureuses, qu'il serait père d'un concile œcuménique ! C'était désormais une réalité. Dans l'épreuve, c'était à ses yeux une consolation venant de son Seigneur lui-même qui scrute les reins et les cœurs. Il exhorta les frères joséphites à prier pour le concile et à demander que, si Dieu le voulait, il y puisse apporter toute l'expérience d'une vie d'apôtre, pour l'Afrique du lendemain surtout[6]. Désormais, les dossiers du concile occuperont une grande partie de son temps[7].

Pour la première session du concile, il quitta Bruxelles

---

[4] Id., *Allocution au chapitre général des Frères Joséphites de Kinzambi*, Bruxelles, juillet 1968.

[5] Id., *Lettre au Frère Kasay Antoine*, Bruxelles, 1970.

[6] Id., *Lettre à l'abbé Paul Munganga*, Bruxelles, 13 août 1962.

[7] Id., *Lettre au Frère Emmanuel Mukusa*, Bruxelles, 24 août 1962

le 7 octobre 1962[8]. A Rome, il habitait chez des sœurs, à la Casa Maria Immucolata Suore di S. Guiseppe, sise Via Crescenzio au n°90. Dans l'*aula*, il occupait à la deuxième des rangées disposées en gradins, le fauteuil n°0538 selon l'ordre d'ancienneté des évêques[9].

A Rome, Guffens a beaucoup prié pour les frères au tombeau de saint Pierre surtout, sur la tombe de sainte Agnès, martyre à douze ans, et dans les catacombes qui portent son nom, sises via Nomentana.

Les taxis étaient très chers à Rome. Il en eut pour autant que pour sa pension chez les sœurs de Cunéo : 160 francs belges par jour tant pour la pension que pour le taxi, alors que souvent il allait à pied et que, grâce à lui, le taxi achetait son essence 6 FB le litre au Vatican - service pour le concile. Aussi décida-t-il qu'en septembre 1963, il prendrait sa V.W. en train jusqu'à Nice, puis sur la route Amdia jusqu'à Rome[10].

La première session du concile Vatican II fut très fatigante. Si l'on y avait traité la question des frères enseignants et des missions, il se serait fait exempter de la deuxième session. Sa santé tenant et avec la grâce de Dieu, il est rentré à Rome le 8 septembre 1963, à la même adresse, exprès pour ces motifs précis[11].

Lors de la congrégation générale du 3 octobre 1963, Mgr Guffens fit sa première intervention relative à l'activité missionnaire, même si la question missionnaire était finalement remise à plus tard à cause des avis contradictoires concernant les buts, les méthodes et les autorités en terres de mission. Cette intervention s'inscrivait dans la discussion ***De Ecclesia***, la première qui se fit en 2ème session.

Parlant *in génère* et donnant un parallèle entre la question ouvrière du 19ème siècle où l'on a fauté par

---

[8] Id., *Lettre au Frère Emmanuel Mukusa*, Bruxelles 1er août 1962.
[9] Id., *Lettre au Frère Emmanuel Mukusa*, Rome, 1962.
[10] Id., *Lettre au Frère Emmanuel Mukusa*, Rome, 3 janvier 1963.
[11] Id., *Lettre au Frère Emmanuel Mukusa*, Rome, 4 décembre 1962.

omission et la question peuples dits « arriérés » du 20ème siècle où l'on tombe dans la même erreur, Mgr Guffens souligna que la Providence avait permis que l'on force les étapes. Il fallait donc épouser ce processus providentiel en faisant confiance à l'homme, malgré toutes les « prudences *de more* »[12]. Car Dieu fit confiance aux hommes et le Christ remit à douze pêcheurs le sort de son église : « *Faisons-nous confiance aux autres : supérieurs, jeunes confrères, enseignants laïcs, dirigeants d'œuvres, étudiants? »*[13].

Le pape Jean XXIII reçut en audience le mercredi 6 novembre 1963 à 19 heures30 dans son bureau privé, les évêques en charge ou qui furent en charge au Congo. Des chaises étaient placées en ovale et tout le monde était assis, le Saint-Père parlait avec eux comme dans le vieux temps lui-même Guffens le faisait avec les frères à Kinzambi. Chacun reçut de sa main une plaquette en bronze doré, le Christ au milieu des Douze. Saint Pierre avait le visage de Jean XXIII et était vêtu d'une chape ; sa tiare était sur un coussin, par terre devant son Seigneur. Très beau ! Ayant laissé son grand manteau violet à Bruxelles, Guffens avait emprunté celui de l'archevêque de Cunéo.

Dès le 4 décembre, il quitta Rome. Mgr Lefebvre, évêque de Kikwit, lui offrit aimablement de l'accompagner pour conduire alternativement sa V.W. De Rome à Gênes, puis de la ville d'Avignon à Paris, le voyage eut lieu en train de nuit. Le reste se fit par route, c'est-à-dire sur 1.000km ; c'était trop pour lui[14]. Il est arrivé à Bruxelles le 10 décembre 1963 très fatigué, d'autant plus que la dernière semaine à Rome fut pour lui un temps de jeûne de nourriture et de jeûne de sommeil[15].

En septembre 1964, Guffens refit le voyage de Rome

---

[12] Id., *Lettre au père Van Wing*, Rome, 23 septembre 1963.
[13] Id., *Allocution... art. cit.*
[14] Id., *Lettre au Frère Emmanuel Mukusa*, Rome, 10 novembre 1963.
[15] Id., *Lettre au Frère Emmanuel Mukusa*, Bruxelles, 12/12/1963.

pour la troisième session du concile, pendant laquelle la Compagnie de Jésus eut à inhumer le 8 octobre à 16h30, son supérieur général[16]. La session se termina le samedi 21 novembre et il prit le même jour à 21 heures, l'avion qui le ramena à Bruxelles via Nice et Paris.

La quatrième session - et la dernière - fut annoncée pour octobre 1965, ce qui lui fit penser que Vatican II était un très grand concile[17], une mine très riche qui ne sera exploitée que peu à peu malgré les résistances, malgré aussi certaines stupides excentricités de gens qui ont la maladie du changement précipité et donc improvisé, ce qui fit beaucoup de tort au véritable aggiornamento voulu par Vatican II[18].

Au cours de cette dernière session, cinq congrégations générales furent consacrées aux missions. Il s'agissait de terminer le débat sur le texte rédigé pendant l'intersession par la commission compétente à partir des discussions tenues lors de la troisième session, du 6 au 9 novembre 1964, sur le premier schéma de propositions sur l'activité missionnaire de l'Eglise. De ces discussions du 7 au 13 octobre 1965 sous la direction du cardinal Agagianan, sortit le décret conciliaire sur l'activité missionnaire de l'Eglise, lequel commence par les mots *Ad Gentes.* Il fut voté et accepté le 7 décembre, avant sa promulgation, par 2.394 *placet* contre *5 non placet*[19].

Au cours de la 147ème congrégation générale, l'avant-dernière des cinq consacrées aux missions, Guffens est intervenu une deuxième fois le 12 octobre 1965. Il avait dit en substance :

« *Il faut aller contre le courant qui tend à délaisser l'école. Il faut faire appel à la jeunesse du Tiers Monde*

---

[16] Id., *Lettre à Vincent Mwamufiya*, Rome, 7/10/ 1964.

[17] Id., *Lettre au Frère Emmanuel Mukusa*, Rome, 18 novembre 1964.

[18] Id., *Lettre au Frère André Mapa*, Bruxelles, 2 avril 969.

[19] Voir les *Informations Catholiques Internationales,* n°251 du 1er novembre 1965, p. 8 ; *La Documentation Catholique,* n°1461 du 19 décembre 1965, col. 2175 et n° 1463 du 16 janvier!966, col. 111.

pour des milliers de frères et de sœurs de 1er ordre encadrant, avec les prêtres, les professeurs laïcs. Il faut faire confiance en l'Homme, comme le firent Dieu et le Christ pour l'Homme »[20].

Cette intervention de Mgr Guffens fut un appel à la confiance due à l'Homme (du Sud, s'entend) par l'Homme (du Nord, s'entend), un rappel de la capitale valeur de l'école en apostolat, un appel à la jeunesse du Tiers Monde pour les vocations par milliers de Frères et de Sœurs enseignants dûment diplômés et valorisés au point de vue spirituel, ainsi qu'un appel à l'acceptation par les pères conciliaires, du schéma XIII au nom du Tiers Monde, au nom de l'Afrique, au nom du Congo.

En effet, ce schéma XIII traitait sans ménagement et avec précision, des questions du genre : « *A quel prix les pays riches vendent-ils leurs propres produits aux pays pauvres ?* ». Un cri qui ne fut pas entendu ! Comme beaucoup d'autres.

[20] GUFFENS Joseph, *Lettre au père Van Wing*, Rome, 12 octobre 1965.

Prologue :
UN CONCILE
«PLACET IUXTA MODUM »

« *Placet iuxta modum* » ! Ce n'est pas entièrement satisfaisant !

Telle est la réponse que Mgr Joseph Guffens donna au père Supérieur Général de la Compagnie de Jésus qui lui demandait à Rome, en fin novembre 1963, s'il était content du concile. Et ce dernier de lui rétorquer : « *D'accord !* ». Parce qu'il avait le même jugement ? Ou tout simplement pour prendre acte ?

Mais quoi qu'il en soit, quand le chrétien moyen pense à Vatican II, il pense forcément à l'aggiornamento censé être incarné par les 16 documents produits par ses travaux, à savoir :

- **4 constitutions :**

- *Dei Verbum* (constitution dogmatique sur la révélation divine, 18 novembre 1965).
- *Lumen Gentium* (constitution dogmatique sur l'église, 21 novembre 1964).
- *Sacrosanctum Concilium* (constitution sur la sainte liturgie, 4 décembre 1963).
- *Gaudium et Spes* (constitution pastorale sur l'église dans le monde de ce temps, 7 décembre 1965).

- **9 décrets :**

- *Ad Gentes* (décret sur l'activité missionnaire, 7 décembre 1965).
- *Presbyterorum Ordinis* (décret sur le ministère et la vie des prêtres, 7 décembre 1965).
- *Apostolicam Actuositatem* (décret sur l'apostolat des

laïcs, 18 novembre 1965).
- *Optatam Totius Ecclesia Renovationem* (décret sur la formation des prêtres, 28 octobre 1965).
- *Perfectae Caritatis* (décret sur la rénovation et l'adaptation de la vie religieuse, 28 octobre 1965).
- *Christus Dominus* (décret sur la charge pastorale des évêques, 28 octobre 1965).
- *Unitatis Redintegratio* (décret sur l'œcuménisme, 21 novembre 1964).
- *Orientalium Ecclesiarum* (décret sur les églises orientales catholiques, 21 novembre 1964).
- *Inter Mirifica* (décret sur les moyens de communication, 4 décembre 1963).

- **3 déclarations :**

- *Gravissimum Educationis* (déclaration sur l'éducation chrétienne, 28 octobre 1965).
- *Nostra Aetate* (déclaration sur les relations de l'église avec les religions non-chrétiennes, 28 octobre 1965).
- *Dignitatis Humanae* (déclaration sur la liberté religieuse, 7 décembre 1965).

Le nouveau **Code de droit canonique** : *Codex Iuris Canonici* fut promulgué en 1983 et régit l'église latine[21], tandis qu'un **Catéchisme de l'église catholique**, lui aussi fruit du concile, ne fut promulgué qu'en 1992.

1. Un « brigandage d'Ephèse » ?

Paradoxalement, ces résultats, œuvre de 2.450 pères conciliaires, promulgués par le pape et acceptés par l'église catholique, ont été « refusés » par une bonne frange de cette même église réunie sous le label de « traditionalistes ». Ainsi, le concile Vatican II qui était conçu comme un point de lumière et un retour aux sources à l'échelle universelle, est devenu un *casus belli.* Et

[21] Les Eglises orientales catholiques sont, quant à elles, régies par le *Code des canons des Eglises orientales*, promulgué en 1990.

aussitôt le concile fini, se sont formalisées les résistances à l'église conciliaire que quelqu'un appela même l'*église de Judas*.

Pour les traditionalistes, le concile Vatican II aura été un nouveau *brigandage d'Ephèse*[22], mais **à partir d'en bas** car réalisé dans les temps actuels par une majorité embarquée par les « progressistes ». Et pour cause, les textes rédigés par les commissions préparatoires, c'est-à-dire par la curie romaine, et quasi prêts à être votés, furent rejetés par les pères conciliaires qui décidèrent alors de se prendre en charge. Et le programme d'une session unique préétabli par la curie romaine fut balayé ; les pères conciliaires prirent leur agenda en mains et le concile dura finalement quatre ans.

Aussitôt après le démarrage des travaux, Mgr Guffens notait à propos de la 1ère congrégation générale :

« Le bureau a cru qu'on accepterait plus ou moins les commissions pré-conciliaires. Mais ce fut un non très sec. C'est pourquoi, à la stupéfaction du dehors on est sorti très vite de la 1ère congrégation générale »[23]

La majorité vint au concile décidée à barrer la route à toute tentative curiale de l'empêcher d'agir et de parler ; ce qu'elle estimait être un *brigandage d'Ephèse* **à partir d'en haut.** Elle refusa de se laisser récupérer. Et Guffens de noter, exaspéré :

« Le Cardinal a parlé en homme passionné, affirmant que

---

[22] Le concile tenu à Ephèse en 449 sur l'incarnation, fut ainsi désigné par le pape Léon 1er car les intrigues de cours, les luttes de pouvoir, les rivalités entre patriarches et évêques, ainsi que les violences contre les membres de l'église entachèrent sa valeur. Lors de sa tenue, les protestataires contre les thèses monophysites de l'archimandrite Eutychès furent réduits au silence par les gens d'armes de Dioscore. Flavien, le patriarche de Constantinople, ayant été arrêté et violenté jusqu'à en mourir, Dioscore se fit nommer « patriarche œcuménique ».

[23] GUFFENS, *Lettre au P. Van Wing,* 16 octobre 1962. Et ce jour, chaque père remit au bureau, ses propositions de listes des commissions.

les modérateurs ne pouvaient donner aux Pères les textes des 5 points sans en référer à la Commission théologique (que préside le Cardinal !..). Quod non est verum : *c'était une consultation. Je pense qu'on devra écarter le cardinal si l'on veut éviter une sorte de brigandage d'Ephèse ! »*[24].

Les traditionalistes reprochent donc à la majorité, notamment aux théologiens *(periti* surtout) qui l'encadrèrent, leur influence importante dans la décision de donner un caractère pastoral et non dogmatique au concile, mettant donc l'accent sur l'aggiornamento et l'œcuménisme. Ils lui reprochent d'avoir ainsi privé le concile et le pape de l'intervention du charisme de l'infaillibilité, les rendant ainsi sujets à l'erreur.

Ces erreurs lui reprochées, le cardinal Livio Senepa, évêque de Sestri Levante, dans sa lettre du 16 août 1978 au cardinal à la retraite Romane Wolkonsky, en donna un état s'articulant autour de six points, à savoir : la messe, le concile lui-même, le nouveau catéchisme, la politique à l'église, la perte du sens du sacré et le cas de Mgr Lefebvre[25].

Cette lettre dont j'ai repris un extrait dans l'annexe du présent ouvrage, n'a pas été désavouée par cette contestation qui, aujourd'hui cinquante ans plus tard, a atteint un niveau qui s'apparente à un retour à l'avant-Vatican II. Car les déviations actuelles sont imputées à ce concile qui aurait « *ouvert les portes de l'église au diable* ». Je pense ici notamment au nombre important des prêtres mariés, à la pédophilie et aux homosexuels dont le « mariage pour tous » perçu par la française Taubira comme un changement de civilisation, est légalisé dans bien de pays de la vieille chrétienté.

En surface, les traditionalistes, détracteurs de Vatican II, ont réussi à faire accepter par le haut, le retour entre

---

[24] Id., *Lettre au P. Van Wing*, Rome, 8 novembre 1963.

[25] Lire : THIERRY Jean-Jacques, *Lettres de Rome sur le singulier trépas de Jean-Paul 1er,* Pierre Belfond, Paris, 1981, pp.33-36.

autres du port de la *magna cappa* par les princes de l'église (cardinaux), de la messe de Pie V dite *fesses au peuple* et si bien défendue par l'Opus Dei. Le pauvre Jean XXIII doit se retourner quotidiennement dans sa tombe !

Il me semble que pour comprendre la déroute de l'église post-conciliaire et pourquoi elle n'a pas réussi à imposer son aggiornamento dans le cœur de tous, il faille se demander dans quelles conditions ce concile se réalisa. Sa praxis prépara elle-même les résistances actuelles ! En effet, c'est comme si, faute d'un consensus plus long et difficile à trouver, les votes rapides divisèrent l'église entre vainqueurs et vaincus.

II est donc important de revisiter le concile Vatican II, non pas comme l'*Osservatore Romano* dit qu'il marcha, mais au ras-du-sol, c'est-à-dire tel qu'il fut vécu en tant que communauté humaine modulée par le conflit.

Voilà qui donne tout son intérêt à l'échange épistolaire entre Mgr Guffens et les pères Joseph Van Wing et Snoeck, ses deux confidents et confrères jésuites restés à Bruxelles, à qui il écrivit ces mots peu après son arrivée à Rome pour la première session :
« *Cher Père Van Wing. J'espère que vous allez bien. Ici ça va. La radio vous donne des nouvelles plus ou moins justes. Il devient difficile de se rappeler ce qu'on peut dire ou non. Mais le P. Provincial du Nord et vous-même avez été mis dans les confidences* »[26].

Le père Van Wing était l'admoniteur du père Guffens depuis la décennie 1920, tandis que le révérend père Snoeck était pendant le concile, le supérieur de la province Nord, c'est-à-dire flamande, des Jésuites en Belgique. Il leur fit interdiction de communiquer ses notes à

[26] GUFFENS, *Lettre au P. Van Wing*, 16 octobre 1962. Puis : « A part le père Snoeck, mieux vaudrait, je pense, garder tout ceci (le détail au moins) entre nous » (18 octobre 1962); «Seul le R.P. Snoeck peut voir cette lettre ! J'ai confiance qu'il me comprendra» (13 novembre 1962); «Pour le R.P. Provincial Snoeck et le P. Van Wing seulement» (21 novembre 1962).

quiconque, même à son frère et confrère André Guffens, de peur qu'il lui soit extorquées quelques impressions[27].

Avec ces lettres, Mgr Guffens introduit le simple chrétien dans la cuisine, dans l'arrière-cour du concile Vatican II. Car, officiellement, les pères conciliaires étaient astreints au silence ou, du moins, à aligner leurs interventions publiques sur les textes et communiqués officiels passant par l'*Osservatore Romano,* la *Documentation Catholique,* etc.

En effet, pour l'église, il fallait parler d'une seule voix aux oreilles du monde qui attendait tant de ce forum et donc de ses pasteurs. Mais sur le terrain, cette voix unique ou plutôt commune n'existait pas ; elle était difficile, voire impossible à obtenir. Et Guffens de s'écrier plus d'une fois : « *Pauvres séminaristes cursores !* »[28]. En effet, ces jeunes séminaristes séculiers et réguliers en qui on peut voir les représentants des non-experts et de la masse chrétienne, vivaient des attaques dont ils se souviendraient dans leurs vieux jours encore.

Cette cacophonie appelle, en filigrane, la question de savoir ce qu'était devenue l'inspiration du Saint-Esprit. Ces lettres m'ont confirmé dans l'idée que les pères conciliaires agissaient d'abord, ensuite le Saint-Esprit inspirait le choix des textes avec l'aide des faiseurs d'opinion.

De façon positive et en catholique, l'on dira donc que s'il est clair que ce n'est pas le Saint-Esprit qui rédigea les textes par une révélation surnaturelle, c'est quand même la providence qui, en disposant et dirigeant les volontés humaines, finit par arriver à ses fins.

2. Une mise à jour très conflictuelle

Le concile Vatican II utilisait le vote électronique par « *placet* » pour s'exprimer sur les schémas. Mais le vote

---

[27] Id., *Lettre au P. Van Wing*, Rome, 14 novembre 1962

[28] Id., *Lettre au P. Van Wing*, Rome, 19 novembre 1962.

assis-levés fut aussi largement utilisé, tant il fallait aller vite et finir rapidement les débats ; il transpirait parfois le bâclage, l'énervement et l'exaspération des organisateurs. Et surtout il avait tendance à favoriser le « oui » (levés) car étant conditionnant par rapport à la foule dans la nef aménagée en *aula.* Ce qui n'empêcha pas les pères conciliaires à faire preuve de courage dans leurs opinions au nom du non-conformisme, en refusant des injonctions des modérateurs du genre « *Pas de Placet iuxta modum* ».

En effet, pour les modérateurs, tous cardinaux et donc pour la plupart conservateurs, c'était la voie royale pour casser des « dérapages » et imposer des points de vue. Ce qui devait amener l'église dans la répétition du passé et le concile à ne rien apporter de neuf, à s'en tenir à des condamnations et des menaces.

Dès lors, et dès le début, le concile courut le risque d'empêcher la recherche. De fait, une certaine ligne de vote de la majorité était perçue comme un échec plutôt que la voix du Saint-Esprit, par le pape ou plutôt et surtout par ceux qui mettaient toujours le pape en avant, jouant ainsi au pape eux-mêmes. Mais il se trouva des voix venues parfois de l'establishment vaticane pour rappeler que le Saint-Office et les divers dicastères, c'est-à-dire une curie dictatoriale empêtrée dans une italianité ecclésiastique aux abois, étaient au service de l'épiscopat et non ses supérieurs.

La hiérarchie romaine était consciente qu'elle représentait une minorité au concile. Mais elle s'estimait la seule voix autorisée car forte de la grande majorité des catholiques dans le monde. Or celle-ci est routinière, irréfléchie, rébarbative aux changements ; elle est faite des foules instables qui ne représentent pas la majorité conciliaire, celle par qui le Saint-Esprit conduit le concile.

En fait, la hiérarchie avait peur de cette majorité que les enjeux du moment firent entrer dans une période de radicalisme parce que forte de sa conscience d'être la voix des « questions d'actualité », puisque venue du terrain multiforme de l'église.

Le combat de cette majorité radicale non italienne et animée par les ténors (faiseurs d'opinion) conjoncturels tourna dès 1962 en affrontement avec la hiérarchie (cardinaux organisateurs) dont elle refusa les injonctions pour imposer plutôt que de proposer les *schemata.* Le travail biennal des commissions pré-conciliaires jugées ne pas avoir le charisme du concile, fut en bonne partie remis en question et des contre-schémas proposés par la base. Ils étaient estimés mieux que ceux « pitoyables » que Rome avait envoyés. Le refus du latin comme langue liturgique et la modernisation du pouvoir organisationnel dans l'église, ainsi que bien d'autres sujets, ne sont que des pointes immergées de cet iceberg bipolaire.

En clair, pour la majorité, il fallait « respecter » le Christ et le monde entier - qu'il soit catholique, chrétien séparé ou païen - en attente des paroles de lumière, de paix et de réconfort, et non le Saint-Père comme le demandaient les modérateurs.

In fine, au-delà de ces commissions préparatoires et en-deçà du pape, la bête noire, c'était les bureaux romains, le **clan** (les *Italiens),* cette curie qui avait pris en otage Jean XXIII. Paul VI s'investit dès son intronisation pour l'avoir en main de façon que, par exemple, son dernier mot (promulgation des textes) soit libre, non enchaîné[29]. Y réussit-il ? Du reste pouvait-il contrôler tout ce qu'on lui faisait dire ? Hélas, le clan, avec son école théologique discutant sans fin et mettant en avant la peur du néo-modernisme, avait très peu écouté la base consultée lors des préparatifs du concile, c'est-à-dire ces personnes en contact avec les réalités du monde.

---

[29] Guffens écrivait à Van Wing, le 26 septembre 1965 : « *Tout ce que j'apprends va dans le même sens : Cardinal Secrétaire d'Etat et d'autres, font au Saint Père la vie très dure, au point que de temps en temps il fléchit un peu physiquement et moralement* ».

3. Un concile, miroir d'un monde d'exclusion

Le Tiers-Monde représentait déjà en 1962, une bonne part de la population du monde et des catholiques. Cette masse humaine ne fit hélas pas entendre sa voix encore mal assurée et craintive[30], à un moment où l'ancien monde colonisé était politiquement en plein réveil. Il eut plutôt à subir l'affrontement où prirent place l'Europe du Sud, l'Europe des Balkans (la Yougoslavie), l'Amérique latine et les U.S.A. Les organisateurs allèrent jusqu'à « oublier » d'inviter ses ressortissants dûment mandatés aux assises de telle commission pendant l'intersession !

Il y eut donc un refus de reconnaître cette église du silence, ces peuples « arriérés » du 20ème siècle, comme il en fut pour la classe ouvrière occidentale au 19ème siècle. Et pourtant ils sont pleinement hommes et donc dignes de la confiance des autres hommes imitant en cela Dieu lui-même. Leur gestion ne devrait donc pas imposer des prudences. Pour eux, c'était comme si « après le concile = avant le concile ». L'Afrique, comme le Tiers-Monde en général, même émancipée et disposant des évêques issus du terroir, restait une terre de mission. Non pas comme participante du caractère missionnaire de l'église, mais comme une excroissance de l'Occident, à la merci des organisations internationales et des instituts religieux. Elle devait donc continuer à être gérée par l'increvable **Sacra Congregatione Propaganda Fide** / Sacrée Congrégation pour la Propagation de la Foi. Il est indicatif que le schéma *De Missionibus* ne fut pas prévu par la Commission préparatoire comme un chapitre du *De Ecclesia.*

En outre, la Commission préparatoire refusa totalement de reconnaître le Tiers-Monde comme une

[30] Réagissant à une intervention, Mgr Guffens fit cette remarque : « *Cela sentait le Tiers-Monde à plein nez* » (*Lettre à Van Wing*, 30 octobre 1963). Comme si le « bavardage » était une spécialité du Tiers-Monde ! Ce que contredisent ses lettres.

église des pauvres qu'il était pourtant. Sans doute pour ne pas avoir à aborder en aval, l'épineux problème de l'exploitation du Sud par le Nord ! Mais cela n'empêcha pas l'Afrique et le Tiers-Monde d'affirmer que, désormais, cette église était capable de se défendre elle-même et d'exprimer ses desiderata.

Quelles étaient les limites de la liberté de pensée dans l'Eglise ? Les pères conciliaires d'abord, puisqu'évêques et théologiens, mais aussi tous ceux, prêtres ou laïcs du Tiers-Monde, parce qu'écoutant la voix des uns et des autres, avaient l'obligation de « marcher au pas ». Car, en matière des vérités de la foi, la théologie catholique est définie comme « *la recherche croyante de l'intelligence de la foi* »[31].

De toute façon, nul ne pouvait intervenir au concile si son discours n'avait pas été estimé conforme à la doctrine. Et cette « recherche croyante de l'intelligence de la foi » devint une attitude principale pour l'église post-conciliaire ; elle fut symbolisée à partir de 1981, par Mgr Joseph Ratzinger qui participa au concile en tant que *peritus* d'abord du cardinal Frings pourtant très critique vis-à-vis de la curie. Cette année-là, Ratzinger devint le préfet de la Congrégation pour la doctrine de la foi ; il fut pape de 2005 à 2013 sous le nom de Benoit XVI. Son autoritarisme et son centralisme en la matière furent marqués par de nombreux rappels à l'ordre ; ils ne pouvaient que condamner au silence de nombreux théologiens germanophones (Hans Küng), de la libération d'Amérique latine (Leonardo Boff), d'Afrique (Jean-Marc Ela, Engelbert Mveng), etc. La chasse aux progressistes continue ; ils restent sous la menace d'être classés comme « dissidents », c'est-à-dire comme rébarbatifs au dialogue, présentant leurs opinions comme indiscutables et les exprimant publiquement de façon intempestive.

---

[31] Lire : CASTEL Pierre, « Les théologiens doivent marcher au pas » dans *La Vie* n°2340, 5 juillet 1990, pp. 15-16. 15

4. Une union hypothéquée par le poids de l'histoire

Jean XXIII, après Dieu, mais avant le concile et Paul VI, voulait **l'union** du monde, sa socialisation chrétienne. Il invita à cet effet les différentes communautés humaines à y travailler dans le cadre de l'œcuménisme.

Cependant pouvait-on l'acquérir « sans rien céder » ? Les catholiques n'étaient pas prêts de se départir de leurs dévotions aimées depuis l'enfance, comme une Vierge Marie voulue par certains comme co-rédemptrice et médiatrice de toutes les grâces ! C'était, ce faisant, abandonner la voie de l'union avec les protestants et les orthodoxes pourtant disposés à envisager la cession de beaucoup de choses concernant l'eucharistie, le baptême, la tradition, etc. Ceux-ci avaient donc une attitude différente de celle des Orientaux d'avant 900 et n'étaient donc plus à blâmer par Rome.

Hélas, le fait pour l'église latine d'estimer à priori que son langage scolastique était « non intelligible aux non-catholiques », ne pouvait que mener à une impasse. La question était donc pour le concile de savoir « quoi céder ».

En effet, l'œcuménisme était cet autre arbre qui cachait la forêt des limites de la liberté de pensée. Car le problème pour les pères conciliaires résidait dans le caractère *évolutionniste* de l'œcuménisme catholique, l'église se fixant elle-même comme le point d'arrivée et de référence. De toute façon, l'église ne se reconnaît pas d'ennemis, mais des fils égarés. Dès lors il se pose une question triple.

Au point de vue de la **doctrine**, l'église catholique peut-elle se prévaloir universelle sans marcher sur d'autres et donc entretenir la notion d'hérétique ? Et donc : « *A quand la fin de Vatican I avec son dialogue agressif inutile ?* ».

Au point de vue des **peuples**, comment ne pas empiéter sur l'espace des autres regardant Rome comme un patriarcat, celui de Pierre, parmi les autres ?[32] Les églises grecque, yougoslave, turque, bulgare, etc. devinrent un enjeu pour le panslavisme russe et l'Europe. A quand donc la fin de la « balkanisation » du monde chrétien ? Il faut revisiter la notion de schismatique.

Au point de vue **historique**, est-il possible à la catholicité de remonter le temps pour reprendre le débat sur l'Incarnation et la Trinité ? Car c'est ce que demandent les autres églises alignées sur la *theology of process* qui se réclame d'Alfred North Whitehead et du père Theillard de Chardin que le concile Vatican II se garda bien de condamner[33].

Pour cette théologie, Christ est une notion récapitulative et englobante. C'est pourquoi l'église kimbanguiste [officiellement : Eglise de Jésus-Christ sur la Terre par son prophète Simon Kimbangu / E.J.C.S.K.] a proclamé « Christ » son chef Dialungana Kiangani, au même titre que Jésus[34]. L'Association pour l'Unification du Christianisme Mondial / A.U.C.M. enseigne que son chef, le coréen révérend Moon est venu pour former la famille parfaite que Jésus ne put former avant de mourir. La même tendance christique se dessine aussi au Message du Graal du maître spirituel 'allemand Oskar Ernst Bernhardt dont le nom de plume « Abd-ru-Shin » (ou

---

[32] En décembre 2003, Claudia Dobre protestait à Bucarest contre le projet papal de visiter la Roumanie : « *Pourquoi veut-il venir ici ? Il n'a qu'à rester dans son patriarcat de Rome !* ». Pour les chrétiens de Roumanie, sa présence était une tentative catholique de dominer les Orthodoxes.

[33] A propos de Theillard de Chardin, voir ici la lettre n°43.

[34] Voir : NGWAPISTHI Kayongo, « Les théologiens kimbanguistes confirment :'Papa Dialungana Kiangani est Christ' » dans *Le Kimbaguisme,* n°01 du vendredi 25 mai 2001, pp. 2-3. ATHEKI, « Les théologiens Kimbanguistes réagissent à la déclaration des Evêques de l'Eglise catholique sur les relations de l'Eglise Catholique avec les Kimbanguistes » dans *L'Eclaireur,* 2ème année, édition n°34 du vendredi 27 août 2004, pp. 3ss.

Abdrushin) signifie « Fils du Saint-Esprit ».

Et en définitive une question ultime est toujours actuelle : « L'union est-elle possible ? ». Peut-être ne sert-elle qu'à parler du christianisme en un terme unique !

5. Un concile marqué par des particularismes

Les identités particulières qui se côtoyèrent au concile Vatican II étaient des relais d'intégration dans l'église. C'est comme si, pour réussir dans celle-ci, il fallait s'affirmer d'abord dans celles-là.

Les pères conciliaires vécurent le concile comme des personnes tiraillées. Chaque vote leur rappelait avec vivacité qu'ils étaient des **faisceaux identitaires** et appartenaient en même temps à plusieurs familles dont les intérêts n'étaient pas toujours convergents.

L'on peut ressortir ici quelques éléments qui servirent de facteurs d'agrégation, à savoir :

- les nationalités : les primats des Congolais, des Belges, des Allemands, etc. invitaient leurs ressortissants, toutes résidences confondues, à voter « en bloc » pour ou contre tel document, seuls ou en alliance avec tels autres ;
- l'état de vie : les intérêts propres et communs des instituts religieux poussèrent Jésuites, Scheutistes, Dominicains, etc., à oublier un moment leurs différends pour, par exemple, s'approprier le *De Religiosis* ;
- les origines territoriales et raciales : les évêques « de couleur » : noirs, jaunes et bruns avaient tendance à se liguer en tant que minorités.

En aval de ces relais d'intégration, l'on assista à une bataille dont l'enjeu était pour chaque groupe, de placer les « siens » dans les différentes commissions. On n'est jamais mieux servi que par soi-même.

LETTRES DE MGR JOSEPH GUFFENS AU PÈRE JOSEPH VAN WING

1. SESSION I (1962)

• Lettre n°l (90 Via Crescenzio/Rome, 16 octobre 1962)

Cher Père Van Wing.

Au Collège Belge, le Cardinal de Malines[35] a reçu tous les évêques belges, et j'y fus invité, y allai. Il nous remit des feuilles suggérant les noms à inscrire aux votes des commissions. Il suggéra aussi au cas où l'on présenterait le volume que vous avez vu à Bruxelles, de voter en bloc *non placet* simplement. Il a autre chose de prêt.

En fait, on a dit ce matin en séance qu'on discuterait ***Liturgie,*** le seul chapitre admis par notre Cardinal.

C'est ce matin aussi qu'on[36] a remis les listes des commissions au bureau, listes écrites par moi (par exemple) en toute liberté et signées.

Hier soir à 8h45 je recevais du P. John J.[37] des suggestions pour la commission ***De Religiosis,*** et j'en ai usé largement.

Le bureau a cru qu'on accepterait plus ou moins les commissions pré-conciliaires. Mais ce fut un non très sec. C'est pourquoi, à la stupéfaction du dehors on est sorti très vite de la 1ère Congrégation Générale.

---

35 Il s'agit du Cardinal Suenens, primat de Belgique.

36 Ce « on » = chaque Père.

37 Il s'agit du Père John Janssens, Supérieur Général de la Compagnie de Jésus.

Mgr Verwimp manœuvre avec Mgr Lefebvre et Mgr de Popo. En tout cas guère avec Nzundu, pas du tout avec moi. Ce matin il m'offrait un siège près de lui en séance, que j'ai poliment refusé. Je tenais à inscrire les noms en paix. On m'a dit que le nom de John ne figurait pas au ***De Religiosis*** ; de là sans doute la liste reçue hier soir (suggestions des Supérieurs Généraux). Il est évident que John doit y être. On verra les résultats jeudi.

J'avais dit à Kimbondo[38] de venir chez moi avec Nzundu. J'étais prêt à déposer une motion demandant que dans les commissions, sauf 1 ou 2, il y ait des évêques de couleur, 3 par exemple par commission. Nzundu d'accord. Kimbondo court de tout côté bavarder, mendier, etc. C'est pas le moment. Aussi ai-je gardé ma motion en poche. Maintenant, qu'ils ne se plaignent pas s'ils n'y sont pas.

J'ai inscrit des Noirs, Jaunes, Bruns, 3 voire 4, soit 2 seulement, selon les commissions. Et j'ai rayé Scalais et Cornelis inscrits sur la liste suggérée pour la commission des Missions. *Orate pro nobis.*

• Lettre n°2 (18 octobre 1962)

Cher Père Van Wing.

J'ai eu hier une longue conversation avec un évêque jésuite grec (2 diocèses et administrateur d'un 3ème !) qui fut mon compagnon et ami, rue des Récollets. Séparés depuis 1928, on ne se reconnaissait plus. Il m'a dit bien de choses.

Le peuple grec schismatique se rallierait sans peine à Rome. C'est la hiérarchie qui ne veut pas. La hiérarchie ne

---

[38] Il s'agit là des évêques des diocèses issus du démembrement du territoire de la Mission jésuite du Kwango, en R.D.Congo, où Guffens passa sa vie missionnaire : Kisantu (Mgrs Verwimp, puis Kimbondo), Kikwit (Mgrs Lefebvre et Nzundu, alors auxiliaire) et Popokabaka (Mgr Bouckaert). Pierre Kimbondo est le tout premier évêque congolais de la deuxième évangélisation ; il fut sacré en 1956 et remplaça Verwimp en 1960.

veut pas entendre parler de patriarche(s) d'Occident. Elle se chamaille avec Moscou qui veut la chapeauter. D'où : Moscou est ici (3 évêques schismatiques) et pas de grecs schismatiques.

Les évêques grecs prétendent que le patriarcat est un degré supérieur de l'Ordre (comme pouvoirs) comme l'épiscopat est supérieur à l'Ordre (presbytérat) comme pouvoirs d'ordre.

Il a vu récemment le Pape. Il a osé le contredire pendant 2 heures, montrant au Saint-Père que Bulgarie, Turquie et Grèce ne sont pas *mpila mosi*[39]. Le pape s'est énervé et puis l'a remercié d'avoir osé le contredire pour le bien informer des réalités concrètes en Grèce. En riant, le pape l'a traité de « brigand grec ».

Les schismatiques grecs ne veulent pas traiter avec les dicastères romains et se moquent du cardinalat. C'est à se demander s'il ne faudra pas changer la forme des bureaux ici : secrétairerie d'Etat et sous-secrétaireries, avec, ici, un cardinal latin comme chef et, là, un cardinal oriental ! Les *officiales* de ces secrétaireries et sous-secrétaireries seraient partie orientaux, partie latins (et plus du tout italiens, si ce n'est en faible minorité). Dans l'actuel, mon ami grec ne voit pas de réunion possible, même ébauchée seulement.

Sa connaissance des affaires congolaises était en notre défaveur 80% au moins. Il m'a entendu avec plaisir. Le film sera bien utile ici ![40]

---

[39] En kikongo dans le texte : « la même chose ». Il faut noter que Mgr Angelo Roncali avait été en poste en Bulgarie, puis en Turquie, comme Nonce Apostolique. Voir l'excellent film « *Jean XXIII - le pape du peuple* » réalisé par Giorgio Capitani en 2002.

[40] Il s'agit de *Tokende,* film officiel du Pavillon des Missions Catholiques du Congo Belge et Ruanda-Urundi à l'Exposition Internationale de Bruxelles en 1958, dont la participation fut confiée par les Supérieurs des missions, à Mgr Joseph Guffens qui commandita le film et en traça le scénario au bout d'une tournée en Afrique belge en 1955-56. Ce long métrage réalisé par Gérard De Boe, retrace soixante années d'apostolat des missions catholiques,

Le P. Général invite les évêques jésuites [47] à dîner le 25 octobre. A cette occasion je lui demanderai un entretien pour l'un des jours suivants.

Il y a ici 5 évêques grecs catholiques latins, dont mon ami. Ils sont allés ensemble voir le Cardinal Testa (Préfet de la Congrégation pour l'Orient, dont ils dépendent) : un monsignor a répondu que le Cardinal ne recevait que tels jours. Ils sont retournés. Il leur fut dit que le Cardinal n'était pas libre. Ils sont furieux. C'est leur Chef. Ils avaient d'importantes choses à lui dire. Voilà comment « on » favorise l'union ! Ils ont donc élu un délégué qui se tiendra en liaison permanente avec les commissions du concile.

Bonjour au P. Provincial, au P. Supérieur, au P. Parein, à la communauté.

Oremus.

• **Lettre n°3 (90 Via Crescensio/Roma, 23 octobre 1962)**

Cher Père Van Wing.

J'ai le n°538 des évêques et je suis assis juste au centre de Saint-Pierre côté évangile au second rang près de l'allée centrale.

Ce matin, en pleine discussion, je me suis glissé doucement vers les WC. Il faut traverser la buvette. Celle-

---

rendant un hommage épique aux pionniers, prêtres, religieux et laïcs européens ayant porté héroïquement toujours plus loin l'Evangile, la Croix, l'Amour. Communiant à l'ambition de la Belgique de montrer avec l'Expo 58, que les Belges étaient des éducateurs et non des exploiteurs, le film voulut démontrer que des Africains (évêques, prêtres, religieux et laïcs) avaient été formés et que donc l'Eglise africaine était *chez elle,* dans toute sa vitalité. Guffens y trouva une opportunité pour donner une réponse visuelle à la question qu'il posa dans sa brochure *Au rythme des pagaies* (Museum Lessianum, 1926). Les images du final sont claires : ces Africains sont ces bras vaillants qui, sur le réseau des grandes rivières, au rythme ininterrompu des pagaies, continuaient et étendaient désormais l'œuvre du Christ.

ci était pleine à craquer d'évêques qui bavardaient, fumaient, buvaient et mangeaient des gâteaux.

Le 11 octobre, certains lisaient leur bréviaire pendant que parlait le Saint-Père. Hier tel autre lisait le journal. Et pas un Africain là-dedans, notez-le bien !

Beaucoup de bavardages. Mais quelques vigoureuses sorties : Patriarche d'Antioche, Cardinal Léger, Cardinal Feltin. On sent nettement deux clans : Rome et Italie - Alii (non Italiens), et une masse quasi inerte.

Lundi, l'adresse au monde a pris toute la matinée : 3 heures 30. Que de sottes remarques. Et aussi que d'appels anxieux : ne pas parler de l'Eglise du silence, ne pas se compromettre avec des mots vides, être bref. En fait, le texte publié a été amendé quelque peu.

On a voté par assis (non) et levés (oui). Je suis resté assis sans hésiter, alors que toute la nef se dressait. Mgr Bouckaert, m'a dit Mgr Lefebvre, est resté assis. Mon voisin copte, assis.

J'estime qu'on n'est pas venu ici pour dire « oui » avec la masse, ni pour faire la preuve que l'Eglise ne peut comprendre la fin du 2ème tiers du siècle, ni cesser de répéter le passé en mots solennels et vides de sens pour nos contemporains.

Le Patriarche d'Antioche (catholique oriental) a très fermement conseillé ce matin de mettre le latin en 2nd ordre et exigé que les choses importantes soient dites en séance latine si on veut, mais anglice et français.

R.P. Snoeck seul à mettre au courant.

• Lettre n°4 (Rome, 31 octobre 1962)

Cher Père Van Wing.

J'ai reçu votre billet du 28. Merci de m'avoir communiqué l'essentiel de la conférence du Père Leys ; tout cela est utile.

Et je suis heureux de savoir que De Linie et alii ajoutent à ce que je puis vous communiquer, à vous et au

R.P. Provincial par vous, très modestement.

Il y a eu une réunion d'évêques belges chez le Cardinal Suenens. J'y ai été invité (avec mon ami l'Evêque de Thèbes) par Mgr Van Zuylen. Le Cardinal n'a rien dit de spécial. Mais Mgr Philips, de Louvain, a donné le squelette d'un schéma possible qu'on substituerait à celui que vous avez vu concernant l'Eglise et ses *Officiales.*

D'après Mgr Philips, l'épiscopat est un sacrement, LE sacrement de l'Ordre, auquel participent le presbytérat et, dans un beaucoup moindre degré, le diaconat. On s'efforce de faire revivre dogmatiquement la collégialité de l'épiscopat dont le pape est le n°1 (tous les évêques en font partie), ainsi que la collégialité de l'évêque résidentiel et de son ou ses auxiliaires. Moins précise serait la notion (dogmatique) de la collégialité des évêques d'une province ecclésiastique (Patriarcat, Primatiat ou Métropolitat). Il fut aussi question du prêtre, du diacre et du laïc « imprégnés par l'épiscopat comme l'éponge par l'eau » (après la séance, j'ai fait remarquer modestement à Mgr Philips que cette dernière notion et son image n'étaient pas claires ; il va y réfléchir).

On dit que les évêques français vont plus loin (c'est tout ce que je sais). Ainsi donc le Père John Janssens n'a pas été élu par les Pères (par moi, oui) à la Commission des Religieux ; ni Mgr Sigismondi à celle des Missions (bien par moi !). C'est le pape qui les y a joints de son autorité suprême. Les commentaires ne manquent pas. Ce ne sont que des « on dit » que je ne veux pas retenir. Mais les faits sont là !

De très nombreux évêques de tous pays ont attaqué le latin comme langue liturgique, certains violemment ; il en est un (plus ou moins 50 ans !) d'Allemagne qui n'a pas hésité à dire que c'était la première fois qu'il parlait latin depuis la sortie du grand séminaire, que ni lui ni ses prêtres ne parlaient ou n'entendaient couramment le latin. [Pour ma part, j'y suis à peu près pour l'entendre, quand il est prononcé convenablement]. C'est inouï ce qu'il y a de

« bavards » et de « rasoirs » parmi les *Patres* ! La présidence a beau dire : « *Soyez brefs, précis ; ne répétez pas ce que d'autres ont dit !* » ; peine perdue !

Hier le Cardinal Ottoviani a attaqué très durement - non sans quelque passion dans le ton - ceux qui combattaient le latin, c'est-à-dire LA MAJORITE. Après 15 minutes, le Cardinal hollandais qui présidait lui a dit sèchement : « *Eminence, vous aviez 10 minutes ; je vous en ai laissé 15 ; suffit !* ». Il faut un concile pour voir ça ! Il s'est rassis.

Si les Congolais ne sont pas mieux représentés dans les Commissions, c'est un peu de leur faute !

L'ambassade du Congo reçoit samedi les évêques du Congo (et, je crois, de Belgique). La commune de Rome reçoit tous les Pères Evêques dimanche. Je modère mes fatigues autant que possible. Mais les séances sont très fatigantes (quand on reste à son pupitre !). Les buvettes ont du succès et je me demande ce qu'en pensent les serveurs, les *cursores* ecclésiastiques (tous jeunes) et les évêques de couleur !

En union de vos SS SS et prières !

• Lettre n°5 (Rome, 13 novembre 1962)

Cher Père Van Wing.

En rentrant du Vatican à midi, j'ai trouvé votre lettre du 11. Merci.

J'ai eu la visite du Dr Scagnetti[41] : *Quantum mutatus ab illo* ! Il a eu beaucoup de peine à se faire admettre à l'Ordre italien [ndla : des médecins], parce que belge par naturalisation. Il va m'inviter un de ces midis. Il m'a demandé de le mettre en rapport avec Mgr Kongolo. Il

---

[41] Médecin d'origine italienne, le Dr Scagnetti travaillait à Katana (Kivu, Congo Belge) quand survint la 2ème Guerre mondiale. Il acquit donc le statut de prisonnier, mais collabora avec Guffens comme médecin.

s'agit d'aller à Bakwanga mettre au courant des néophytes de la médecine tout court et de la médecine congolaise. Mgr Kongolo m'a dit : « *Je veux bien, mais il doit changer d'attitude !* ».

Pour la 3ème fois, le Président (Cardinal de Cologne, ce 13) a mis fin par assis et levés au schéma de la liturgie. C'est fini. Demain on entamera ***De fontibus Revelattonis !***

La session prendra fin le 8 décembre et reprendra le 12 mai 1963 pour finir à Saint-Pierre et Paul. Mêmes bavardages incorrigibles. Il parait qu'aux Congrégations Générales SJ, les délégués de certaines régions ont le même prurit de parler pour ne rien dire ! Ne pas pouvoir dire en 20 ou 25', ce qu'un homme « formé » dirait clairement en 7' ! Si saint Stanislas, saint Jean ou saint Louis étaient des nôtres, ils deviendraient fous ! Saint Ignace, lui, irait prier dans un coin ! On a dû afficher à l'entrée du bar (côté nef de Saint-Pierre) : « Défense de fumer » ! Et toujours la même foule violette qui fume, mange, boit, dit son bréviaire dans la nef ou parle de choses, peut-être sérieuses, puisque le Cardinal de B.M.[42] y est souvent !

Le Cardinal a réuni ce dimanche les évêques belges et congolais pour entendre le Père Lyonnet sj sur l'historicité des Evangiles. C'était brillant, aussi bien par la dextérité de l'équilibriste, que par l'érudition. Mais après 2 heures (j'avais mal de tête), Mgr Charue a dit : « *Bene. Maintenant, que dire à nos prêtres et à nos chrétiens ?* » Réponse de professeur peu rompu au ministère ! Mgr Malula me glissait à l'oreille : « *Fallait-il tout cela pour devenir sainte Thérèse de l'Enfant Jésus ?* ». Je l'ai poussé à le dire tout haut, ce qu'il a fait. Réponse ! Alors, j'ai dit à Mgr Malula : « *Il est des étudiants africains de Bruxelles, Mgr, qui me posent des questions sur ce sujet !* ». Ahurissement de Mgr Malula.

---

[42] Ndla : Bruxelles-Malines. C'est-à-dire Mgr Suenens.

Ensuite Mgr Charue a demandé l'avis de l'assemblée sur une intervention qu'il comptait faire au concile (en termes durs) : « *Nos prêtres et nos fidèles instruits attendent du concile la lumière, et cette lumière ne vient pas. Nous sommes déçus* ». Avis divers sur la « dureté » des termes, non sur le fond. On verra ce qu'il fera.

Ensuite le Cardinal nous a remis un schéma comprenant les 2 premiers schémas (en 1 seul) du livre que j'ai reçu à Bruxelles, résultat des conférences épiscopales de France, Belgique, Autriche, Hollande, Allemagne. Arrivera-t-on à ce sujet ***(De Ecclesia*** et ***De Fontibus***) ? C'est en tout cas beaucoup mieux que ce que Rome a envoyé. Mais c'est dur pour le Saint-Père et pour les Commissions qui ont travaillé pendant 2 ans 1/2 ! Mais n'anticipons pas !

A la fois prochaine. *Oremus* !

Figurez-vous que certains Pères conciliaires passent leur temps à essayer de remettre en 1ère ou 2ème classe des offices du bréviaire de 3ème classe !

P.S. :

A Mgr de Liège, à qui j'ai remis mes avis sur la liturgie, j'ai dit : « *Liberavi animam meam, Excellence !* » Comme tout le monde ne peut parler - c'est déjà tellement long - on nous a dit de remettre nos avis à la Conférence belge ! II a ri et puis m'a dit : « *On devra tout de même se voir !* ». En fait un seul de mes notes a passé : « que les speakers, en messe dialoguée, laissent aux fidèles le temps de prier personnellement ». Il n'est d'ailleurs pas trop tard, puisqu'on attend un nouveau schéma.

Mgr Daens m'a demandé ce que je pensais du verdict de Liège. J'ai dit : « Mgr, si, laïc, j'avais été parmi les jurés, j'aurais répondu comme eux. On ne s'en prend pas aux fabricants de thalidomides, et la loi n'admet pas de sursis, *in casu.* Donc c'est la prison (3 ans minimum) ou l'acquittement ! ». Que les journaux catholiques et les revues catholiques fassent le point. On acquitte des crimes passionnels beaucoup plus graves in causa que celui dont il s'agissait à Liège ! Qu'on s'en prenne à la loi, aux labos pharmaceutiques ! Il eût fallu une condamnation avec sursis, attendu les circonstances.

• Lettre n°6 (Rome, 14 novembre 1962)

Cher Père Van Wing.

Bien que je vous aie écrit hier, je reprends le stylo afin que le R.P. Snoeck et vous, que j'ai choisis selon mon droit comme confidents, soyiez au courant.

Ce matin, ce fut dramatique au concile. Tout d'abord une intervention x— fit chanter le Credo par l'assemblée (1ère fois !) tandis qu'on amenait l'Evangile. Puis une voix demanda aux Pères de voter oui ou non avec crayon magnétique sur la question : « *Faut-il refaire un schéma* ***De Liturgia*** *en tenant compte des discussions, schéma sur lequel on votera ensuite ?* ». 2.250 présences = 2.162 oui, 46 non, le reste nuls. Alors que j'avais déjà, comme d'autres, voté oui, le Cardinal Rufini supplia : par respect pour le Saint-Père, par respect pour le travail fait pendant 2 ans, etc. ! On a donc refusé la base elle-même. Ce n'était qu'un commencement.

Le Cardinal de Lille, puis celui de Cologne, les Cardinaux Léger, Kônig (Autriche) et Alfrinds (Hollande) ont parlé avec calme dans un absolu silence.

Je résume :

« *Nous ne voulons pas (la majorité des Pères) des schémas* ***De fontibus revelationis****, etc. Nous ne sommes pas venus ici pour enregistrer des pages où rien de neuf ne se trouve, si ce n'est pour condamner, menacer, etc. On empêche la recherche, pas de positif, on sème la crainte et le doute, on rend odieuse la doctrine, à un moment où le monde entier attend des paroles de lumière, de paix et de réconfort que le Saint-Père a fait espérer dans son discours d'ouverture. Il nous est impossible de discuter ces schémas ; il s'agit de toute autre chose ! Nos ouailles ! Les Frères séparés ! Le monde païen !* ».

Deux Cardinaux italiens ont essayé un compromis : attention à un néo-modernisme, corrigez, ne supprimez pas ; les écoles théologiques d'Italie attendent.

Les Cardinaux Béa et Suenens (Malines) ont repris l'attaque avec beaucoup de fermeté, mais aussi de modération :
« *Quid* de fratribus separatis *? Vous voulez reprendre de vieux dialogues agressifs qui n'ont plus de sens. On risque un Vatican I bis dont bien des décisions sont encore en l'air, sans suite. Des pères prennent tout le temps des autres à parler de choses secondaires, parfois de questions condamnées d'avance au panier. Nous demandons que ces interventions soient faites par écrit, que l'un ou l'autre parle pour les expliquer, les défendre s'il faut. En tout cas que la grande majorité des Pères ne soit pas réduite au silence : qu'on vote, qu'on soit actif. En tout cas il nous faut, à nous comme au Saint-Père, des* schemata *œcuméniques : brefs, clairs et substantiels, sur des questions d'actualité. Nous n'avons pas à prendre parti pour ou contre les écoles* quae disputant sine fine *! Soyons des Pasteurs* ».

Un patriarche melchite, en français, a poursuivi en suppliant qu'on traite du Christ dans l'Eglise, et que s'en suivraient de grosses facilités pour les frères séparés concernant la primauté du pape et son infaillibilité.

C'est le Cardinal Tisserant qui présidait, avec maîtrise d'ailleurs ! On avait prévu qu'il fallait un homme à poigne, qui ne fût pas trop « du Clan ». En tout cas comme attaque, les jeunes séminaristes séculiers et réguliers *cursores* s'en souviendront dans leurs vieux jours encore ! Les pauvres garçons ! Je vous garantis qu'on était profondément ému ! C'est une de ces Pentecôtes comme fut le concile de Jérusalem. Paul menait l'attaque !

En fin de séance (car les Cardinaux ont tenu le micro jusqu'à midi) on a annoncé un schéma ***De Ecclesia*** dans 8 jours. *Evidenter* puisqu'il est plus ou moins prêt ! (Belgique - France - Hollande - Allemagne - Autriche...).

Je songerais aux évêques de couleur aussi ! Quel choc !

Oremus simul !

Vobis in Domino.

[P.S.]

Avant la séance de ce matin j'avais bavardé un peu avec le Cardinal Léger. Il m'avait parlé de la résistance du Clan et devait savoir ce qui allait se passer.

• Lettre n°7 (Rome, lundi 19 novembre 1962 : la question de l'union des Eglises)

Cher Père Van Wing.

On piétine. Des bavardages ont recommencé, mais le sujet ***De Fontibus Revelationis*** étant plus grave, la tension est beaucoup plus pénible.

Le Cardinal Gracias a déclaré en termes mesurés que le pape n'avait pas pris parti et que la ou les Commissions préparatoires n'avaient pas le charisme du concile.

Le Cardinal Rugambwa a demandé avec insistance la discussion en mai-juin (remise).

Un évêque X a osé dire qu'on séparait Christ et Organes de la Révélation. Ça ne tourne pas rond !

Mais l'intervention **remarquée** et pathétique fut celle de Mgr de Bruges parlant au nom (de la Commission ou du Comité) pour l'Union des Eglises :
« *Pas d'équivoque, pas de mots passe-partout ! Le langage scolastique est inintelligible aux non-catholiques. C'est le langage patristique et biblique qui* <u>*seul*</u> *pourrait nous libérer de l'impasse où nous sommes. Le concile sera responsable des conséquences des décisions qu'il prendra, et ce pour x années ! Nous risquons d'aggraver le fossé qui nous sépare des frères acatholiques qui ne demandent pas mieux que de nous comprendre,* <u>*et*</u> *nous les savons comprendre. Un dialogue interdit tout a-priorisme blessant, et d'ailleurs non-objectif vu* casu. *J'adjure les Vénérables Pères de méditer mes paroles pesées une à une par mes collègues et par moi-même* ».

Mais aussi celle de l'évêque de Durban qui a dit en substance ceci :
« *J'ai fait partie de la Commission centrale préparatoire. J'ai, avec d'autres, fait prévoir à la Commission de Théologie (Ottoviani) ce qui allait arriver. On a fait la sourde oreille ! Il n'est pas trop tard pour redresser la voie. Mais il faut parler. Le silence n'arrange rien. Et si le conflit éclate ce sera très grave. Nous sommes tous d'accord sur la Personne du Christ, sa divinité : le reste est accessoire et peut être passé sous silence. Nous ne vivons ni au 16ème, ni au 19ème siècles ! Rien à renier ! Remontons dans l'Histoire et repartons d'accord !* ».

Les autres interventions, nombreuses, même de Cardinaux, sont sans intérêt. On se trouve face au centre du problème. Je songe aux Chers Pères Devillers, Charles, Huyghe, Cremers, etc. Nous ont-ils révélé toute leur pensée ? Je ne parlerai pas du Père Levie, ni du Père Général qui vivent. Ce dernier était tendu, en face de moi, à la tribune qui surplombe les évêques (à l'une des tribunes).

Oremus ! Au revoir, déjà bientôt, au R.P. Provincial et à Vous-même.

• Lettre n°8 (Rome, 21 novembre 1962)

Cher Père Van Wing.

Je m'excuse du papier employé ! Vous trouverez ci-inclus deux documents intéressants, et pas de manière identique. Celui qui est anonyme fut glissé de nuit sous les portes des chambres occupées par les évêques noirs congolais, et peut-être chez d'autres *coloreds* encore ! Je n'interroge pas. C'est Mgr Kongolo, scandalisé, qui m'a donné son exemplaire ; mais plusieurs m'en ont parlé avec quelqu'indignation.

Dans l'impasse où l'on était, il fallut bien, hier, passer au vote. Mais lequel ? On a trouvé très adroit ceci : *placet* = interrompre la discussion, et *non placet* = continuer la discussion ; au lieu de dire : schéma *placet* ou *non placet.* La proposition a été, par différents speakers, répétée plusieurs fois et en plusieurs langues. La confusion était patente ! Il a manqué 20 *placet* sur 2.200 pour qu'on interrompe la discussion du schéma ***De Fontibus Revelationis***. Ce matin encore on l'a poursuivie. Mais des groupes d'évêques veulent en appeler directement au pape.

Quoi qu'il en soit, le Saint-Père a fait dire ce matin vers 10h30, qu'à midi la discussion serait close. On fera un autre schéma. En attendant on discutera celui ***De instrumentis communicationis socialis***.

Il y avait aussi quelque chose qu'on n'a pas très bien ouï : désormais on ne pourrait pas refuser d'examiner un schéma en entier ! Mais justement, des masses d'évêques prétendent qu'on ne peut imposer au concile plénier tel ou tel *schemata* ! On peut les proposer. Or plusieurs schémas vont subir le sort du premier ! Ça promet ! En vérité on a trop tardé à convoquer un concile. La science, les idées, tout a précédé le char de l'Eglise ! Et la préparation a été trop celle des bureaux romains sous la dénomination : Saint-Père. Les nombreux consulteurs : cardinaux, évêques et autres, ont été entendus, trop peu écoutés. On ne nie pas que les bureaux aient beaucoup d'informations, mais on affirme que les hommes qui « ont à dire » ont perdu ou n'ont jamais eu de contact avec les réalités du monde.

En union de SS S S

• Lettre n°9 (Rome, 28 novembre 1962 matin, avant la séance et 29 novembre)

Cher Père Van Wing.

Veuillez remercier le R.P. Provincial Snoeck de sa lettre du 22 ; et je vous remercie de la vôtre du 25.

Le pape, soudainement, est devenu souffrant : prostate aiguë. Il sera opéré le 10 décembre. Il aurait prié les Cardinaux (?) de ne pas quitter Rome ! En tout cas on est inquiet. Il en est peut-être qui... hum ! Ils oublient que **le pape commence le concile, le diable le mène, et le Saint-Esprit le termine à sa manière**.

Au concile, c'est assez calme. Le Cardinal Ottoviani a essayé hier [ndla : c'est-à-dire le 28 novembre] de faire cesser la discussion sur ***De Ecclesia et Sint unum***, mais en vain. Il doit boire la coupe jusqu'à la lie. On continue encore demain. Les Orientaux catholiques ont été durs.

Les observateurs sont enchantés d'entendre tant d'évêques dire qu'il y a des torts des deux côtés et que ce n'est pas avec des menaces, des refus de rien céder (qui puisse l'être) qu'on se rapprochera. Il paraît que les Patriarches catholiques orientaux ont refusé le pourpre qu'on leur offrait. Ils veulent rester ce qu'ils sont et, comme tels, prendre place parmi les Cardinaux désormais tous évêques :
« *Nous n'avons rien reçu de Rome ; nous ne devons rien à Rome. Autrefois, nos Pères, comme les vôtres, s'adressaient à Rome, donc reconnaissaient Pierre en la personne de l'évêque patriarche romain. C'est à cela qu'il faut revenir*». - « *Nous ne sommes pas des protestants privés de sacerdoce et de sacrements. Mais avec eux aussi, il faudra s'y prendre d'autre manière. Hérétiques et schismatiques de ce jour n'ont rien renié. Ils sont nés tels. Les catholiques sont nés tels. Si leurs chefs reprennent les querelles d'autrefois, comment arriver à une entente ?* ».

La majorité de l'Assemblée est *consentanea*. Heureusement que le concile ne rouvrira ses assises que le 8 septembre 1963. Il faut laisser se tasser les choses et les mettre au point. Tous, catholiques ou non, vénèrent Jean XXIII qui, dans l'Histoire, sera le **pape de l'Union**, canonisé d'avance. Ceci, sauf imprévu, est ma dernière lettre. Je salue le R.P. Provincial, comme je vous salue. *Reliqua* oralement.

En union.

2. SESSION II (1963)

• Lettre n°10 (Rome, 23 septembre 1963)

Cher Père Van Wing.

Me voici à Rome depuis hier, et en bonne forme. Le R.P. Général a été opéré de l'œil (ou des yeux) le 20. Il va bien. Je compte aller le voir ce soir. Il m'a invité à déjeuner demain 24 à la Curie avec Mgr Verwimp et Mgr Sevrin. Jubilé de 60 ans pour ceux-ci, et de 50 pour moi. C'est très gentil.

[De fait] il y aura 50 ans cet après-midi vers 14 heures, depuis que je quittais la famille, vers Drongen, et pour plus de 5 ans (décembre 1918).

Ce qui suit, pour vous seul.

Je n'ai vu que Mgr Sevrin. Il m'a dit que le pape[43] a en main la Curie, semble-t-il.

Quant à la question ***De Missionibus***, elle ne passera pas en 2ème session. Le schéma n'est pas fait, suite à des avis contradictoires : sur le **but** des Missions, sur les **méthodes** à appliquer, sur les **autorités** ecclésiastiques et religieuses (nombreux religieux prêtres en mission : 80% du personnel sacerdotal) dont les rôles respectifs sont peu définis. J'ai lu le document secret sur tout cela. Pitoyable...

On reste pantois en constatant qu'au Grand Quartier, on en soit encore en 1963 à discuter sur **but** et **méthodes**, au point de ne pouvoir mettre cela noir sur blanc.

On ne veut pas non plus changer la dénomination de la Propaganda Fide.

C'est le Cardinal Dôepfner et le Cardinal Liénard qui ont été les plus courageux en essayant d'obtenir des précisions positives sur tout ceci : *mpamba*[44] *!* On en est là.

---

[43] Décédé depuis le 30 juin 1963, Le Cardinal Roncali (Jean XXIII) avait été remplacé par le Cardinal Montini (Paul VI).

[44] En kikongo dans le texte : « en vain ».

Mgr Sevrin me conseille et même m'engage à sortir mon papier par la bande, dans la discussion ***De Ecclesia,*** la première qui se fera en 2ème session. Parler in génère et donner un parallèle entre question ouvrière au 19ème siècle, où l'on a fauté par omission, et question peuples arriérés au 20ème siècle, où l'on tombe dans la même erreur. Souligner que la Providence permet qu'on doive forcer les étapes ; et épouser ce processus providentiel en faisant confiance à l'Homme, malgré toutes les « prudences *de more* »...

Je vais étudier cela. Si ça va, je lirai ce nouveau texte en séance ; et je publierai l'ancien en latin, français, anglais, et peut-être italien. Cela fera réfléchir. Quant aux Pères conciliaires, je les mettrai devant le problème, un peu comme fit Mgr de Bruges pour la question de l'union des Eglises, en session I.

Vale.

Bonjour aux Autorités et à la Communauté.

• Lettre n°11 (Rome, 3 octobre 1963)

Tout est très calme, cette fois. Même un peu trop : on se croirait au cours de dogme.

L'idée fait son chemin, d'un Conseil Suprême de l'Eglise qui survivrait au concile. Composé d'évêques résidentiels surtout, pas seulement de cardinaux, ce conseil présidé par le pape se réunirait 3 ou 4 fois par an.

Hier matin, après avoir consulté une dernière fois Mgr Sevrin, j'ai demandé à Mgr Villot, l'un des secrétaires, de prendre la parole. Accord, mais je devais donner le texte hier matin. Je n'avais que le brouillon, que j'ai dû recopier en séance sur du papier du secrétariat. Puis je suis allé aux toilettes. Je venais de reprendre ma place quand le Cardinal Lercaro qui présidait, m'appela au micro. Je croyais avoir trois jours, comme l'avait prescrit le règlement. Le micro de ma tribune n'était pas prêt, et le séminariste était en ballade. Bref en quelques instants, grâce à l'aide d'un autre séminariste, je pus parler en lisant mon brouillon couvert de ratures ! C'était clair quand même. C'était bref. Au beau milieu, le Cardinal Lercaro, gentiment, me prie de rester « dans le sujet : ***De Ecclesia in génère*** ». Sans hésiter, j'ai compris et dit que je remettrais mon texte au Secrétariat.

Vous trouverez ce texte ci-joint, tel que je l'ai tapé à la maison. J'ai envoyé une copie au Cardinal Suenens de Malines avec un mot d'explication. Le ***De Missionibus*** étant remis définitivement, il n'y avait d'autre issue que de parler lors de la discussion en cours, mais en rédigeant un texte bref et neuf[45].

Ce midi la radio vaticane a dit qu'un évêque avait recommandé en séance de faire confiance à l'Homme, etc.

Ce matin, Mgr Sevrin m'a dit qu'il n'avait pas reconnu ma voix au micro et qu'il s'étonna qu'un autre ait eu la même idée que moi. Quant à Mgr Morel, ce matin aussi, il a dit qu'il espérait m'entendre un jour de cette session au micro !

Quant à *l'Osservatore* d'hier soir, mon nom était parmi les orateurs ; il ne résume plus les discours de chacun. *La Croix* le fait quand même, avec prudence.

Bref, mon texte est officiellement introduit aux *Acta* en deux exemplaires. Qu'il ait été lu complètement importe peu. Beaucoup doivent quitter le micro net aux 10' ; l'appareil a un voyant rouge qui s'allume.

Je n'ai eu, jusqu'à présent, de réaction que de l'évêque de Linz, mon voisin, bien d'accord, et de Michel Ntuyahaga très content (mais est-ce une recommandation ?). Que les gros personnages réfléchissent un moment et c'est tout ce que je demande par l'intercession de sainte Thérèse de l'Enfant Jésus.

A plus tard, cher Père Van Wing. Racontez ça au Père Cools et le saluez de ma part.

---

[45] Le texte est repris ci-après.

Jos. GUFFENS. Episc. Titul. Germanicianensis. S.475. Via Crecenzio. Congregatio Generalis die prima octob. 1963

Note de l'AUTEUR: Le texte ci-dessous avait été remis in extenso au Secrétariat, ce matin même, en demandant la parole. Une dimension de l'Eglise agissante est d'arriver à temps, de faire confiance à l'HOMME, de ne pas céder à des « idées reçues » qui retardent l'action.

TEXTE : *Schemati De Ecclesia in génère sumpto, consentanea mens nostra suggeret aliquam motionem quae brevissime sequenti modo exprimi posset. HODIE multo plus quam olim, felicis apostolates una ex conditionibus sine qua non reduce videtur ad fiduciam nullo modo ambiguam HOMINI tribuendam! MAGIS. Historiae etenim universae, si ultima tantum decennia attente examinarentur, poneretur quaestio: an homines in potestate constitute, clerici non excepti, doceantur experiential, etiam dolorosa, fiduciam homini tribuere aequam. Exempli gratia: nuper in accidente, manuals operarii incapaces reputabantur qui sua propria regerent negotia. Sednunc, de facto, magna saltem ex parte, (...) operariis manualibus regitur res oeconomica; at, p oh dolor, mente evangelica saepe ignota vel spreta. -In Asia evenerunt dolorosae diversae experientiae. Nunc alio in campa dicuntur Africani esse, ac multas per générations fore minors, infantiles. Dictum hoc est falsum; sonat tamen ubique quasi in montants repercussa vox.**(X)** -Additur quod occidentales permulti benefactors, obliti, ut videtur, beneficiorum ipsismet a Domino multa per saecula concessorum, periculo saepius proclamant se a non occidentalibus bene meritos esse. Quod est verum, sed nullum confert quasi primatum, seu quoddam ius primogeniti. -Maxima pars orbis rêvera aliquid morea habet iuxta Historiae fortuita. -AT HODIE illis in regionibus NOVA VIA progrediuntur res, MULTO BREVIORI Ma multisaeculari dict. Hoc sat mirum phenomenon oculis multorum apparet periculosum. Utique; - apparet nihilominus tamquam fulgens digitus Ipsius Creatoris, qui omrss aequo modo diligit homines, etiam illos horae undecimae operarios. Videtur Deits mederi huic supradictae mc,'ae. — Non videtur ergo timendum, née dolendum, sed peramanter tôt viribus adhaerendum providentiali huic modo hucusque insolitae. — Ergo HOMINI cuicumque, occidental necnon, fiducia multo magis est tribuenda, praeeunte Christo Domino, qui Petro et sociis agnos et oves concredidit pascendos, nonobstante Apostolorum defectu experientiae.*

(X) : arrêté à cet endroit.

[P.S.]

Rencontré Mgr Daem et Mgr Van Zuylen qui m'ont serré la main avec effusion. Et aussi Mgr Van Waeyenberg très déprimé (il songe à aller habiter à Bruxelles) n'ayant plus rien à faire, m'assura-t-il !

• Lettre n°12 (4 octobre 1963)

Cher Père Van Wing.

J'ai vu mon nom dans *La Libre Belgique* concernant mon intervention. N'en déplaise à ce brave reporter, le Cardinal Lercaro a eu tort. Tel est l'avis de Mgrs Verwimp, Sevrin, Lefebvre de Kikwit, Kimbondo, Geeraerts et d'autres encore. Un Général d'Ordre m'a demandé mon texte pour plusieurs Supérieurs et Evêques d'Amérique du Nord et du Canada, tous étonnés de l'intervention indue du Président du jour, Cardinal Lercaro. J'ai évidemment envoyé une copie à la Curie SJ.

Hier et ce matin, le Cardinal Gracias, Mgr D'Souza et Mgr Grauls ont carrément parlé du caractère missionnaire de l'Eglise. Ce n'est pas dans le schéma. Personne n'a osé les arrêter. On devait d'ailleurs tenir compte du désir formulé par tant d'Evêques à la Session I, de voir le ***De Missionibus*** être un des chapitres du ***De Ecclesia***. Mgr Grauls a nettement affirmé ce matin que l'Afrique n'était ni occidentale, ni orientale ; qu'elle avait droit à sa place dans l'Eglise, comme l'Occident et comme l'Orient ; que la fonction missionnaire devait être explicitée dans le texte du ***De Ecclesia***.

Mgr Himmer ce matin a regretté que l'Eglise des pauvres n'apparaisse pas nettement dans le schéma. C'est la seule bonne intervention de l'ex Afrique belge. Mgr Scalais fut terre à terre, et Mgr Geeraerts était furieux, attendu, me disait-il, que les Scheutistes prétendaient avoir seuls la parole.

Aucun évêque congolais, rwandais, murundi n'a parlé : ils ont peur. *Vale.*

- **Lettre n°13 (Rome, vendredi 11 octobre 1963)**

Cher Père Van Wing.

Après deux semaines de concile, on pourrait essayer de faire le point. J'ai lu *La Libre, La Croix,* l'*Osservatore.* J'ai entendu tous les orateurs. Le Cardinal Spelman est contre le diaconat, mais son élocution m'empêche de le suivre mot à mot.

L'affrontement de deux tendances est plus modéré - mais tout aussi marqué - qu'en octobre 1962 pour les deux sources. Cette fois il s'agit de l'origine du pouvoir épiscopal, de son étendue, de l'existence « *de iure divine* » du Collège apostolique actuel comme tel. Et du diaconat : en soi comme fonction ; avec ou sans célibat.

J'ai l'impression que la majorité voterait avec l'aile marchante du concile. Pouvoir épiscopal sacramentel - co-responsabilité de tous les évêques avec le Pape, pour l'évangélisation, en tant que Collège successeur du Collège des douze - nécessité du diaconat sacramentel, sans obligation de célibat, ni ante ni post, non comme ascension vers la prêtrise, mais comme état fonctionnel permanent. Il appartiendrait aux Conférences épiscopales de juger de l'opportunité et des modalités, en accord avec le Saint-Siège. Mais le principe, selon moi, serait voté, du rétablissement de l'antique diaconat. Il y aurait toutefois une assez forte minorité : contre les points énumérés, ou contre tel et tel points.

Il semble que la résistance est la même qu'en 1962 : Europe du Sud - Yougoslavie - Amérique du Sud - USA. Par contre, les votes se succèdent concernant les amendements apportés entre les deux sessions, aux questions de la **Liturgie**. Les *placet* sont quasi unanimes, avec parfois 150 - 250 - 350 *non placet* sur plus ou moins 2.350 votants.

Avec tout ce que j'ai entendu, il semble certain que la thèse Beyer (SJ d'Héverlé) ne puisse être purement abandonnée, actuellement du moins. Mais elle n'a pas la faveur de la majorité. La thèse comme telle, ni le nom du Père, n'ont été cités en *aula*.

On a reproché aux textes discutés et aux orateurs de ne dire pas grand-chose du « prêtre ». On fera le paragraphe idoine. Mais il faut remarquer que la situation sacerdotale est claire et nette. C'est l'épiscopat et le diaconat qui ne sont pas mis suffisamment au point. En tout cas le sacre est sacramentel et non juridictionnel. C'est la « mission » papale ou patriarcale qui précise à chaque évêque sacré, sa charge : soit personnelle, soit territoriale ; et parfois les deux ont des interférences, ainsi que chacun sait : dans tel pays, par exemple, tel évêque est préposé aux Ukrainiens en exil, etc.

Pas plus que l'an dernier, le secret n'est gardé. Que le monde sache quoi est juste et équitable. Toutefois le danger croît de voir les non-initiés, les superficiels, confondre l'essentiel et l'accessoire ; dire que l'Eglise ne sait ce qu'elle veut, ce qu'elle est, ce qu'elle enseigne. Heureusement, comme en *aula*, le Saint-Esprit veille. On se demande déjà si une 4ème session ne s'imposera pas.

On ne peut guère dépasser les 10', mais que de bavards répètent des bavards ! La Présidence demande aux Pères d'être à leur place pour les votes. On n'ose pas demander plus. Je vois des évêques dire leur bréviaire pendant les séances dans des chapelles latérales ; d'autres bavardent, fument (pas dans l'*aula*) et rêvent.

Bonjour à tous.

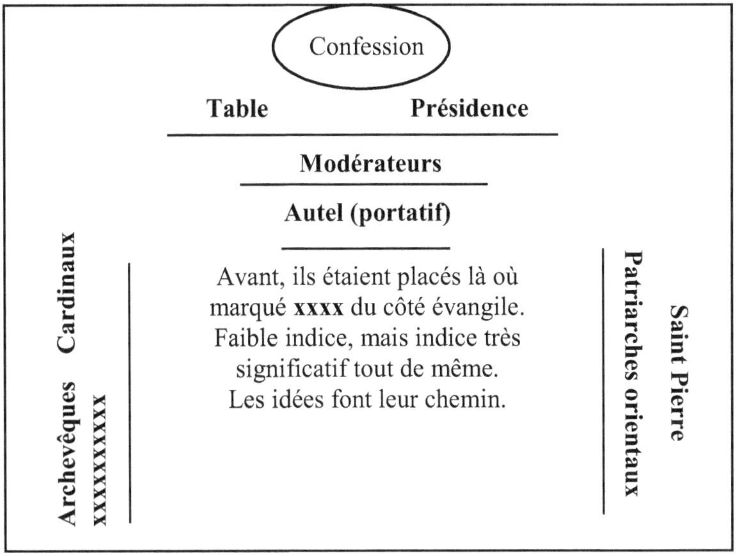

Plan n°1 : Mise en place dans la Basilique Saint-Pierre à partir du 14 Octobre 1963.

• Lettre n°14 (Rome, 15 octobre 1963)

Cher Père Van Wing.

Depuis hier, les Patriarches catholiques orientaux ont une table installée devant la statue de saint Pierre.

Enfin ! On ne lit plus in extenso les rapports imprimés qu'on nous donne. Le rapporteur attire très brièvement l'attention sur tel ou tel point. On sait lire, non !

L'évêque de Linz, mon voisin de gauche, a demandé à Mgr Malula pourquoi, au cours de l'intersession, il n'avait pas paru à la Commission ***De Liturgia*** dont lui-même fait partie. Mgr Malula a répondu qu'on ne l'avait pas convoqué. Or Mgr Malula avait été élu par les évêques au cours de la Session I et son nom figure sur la liste officielle. L'évêque de Linz est fort étonné. Moi pas ! *Intelligenti pauca* !

Mgr Bouve m'a déclaré être contre le diaconat *uxoratus* et plusieurs évêques noirs y sont aussi opposés.

Un archevêque noir l'a dit en séance. A un évêque noir congolais qui me demandait mon avis, j'ai répondu : *«Mieux vaudrait voter pour le diaconat stable, d'hommes mariés aussi ; si vous ratez le vote, que ferez-vous dans un avenir x avec si peu de prêtres? Vous n'êtes pas obligés d'exécuter sur le champ ce projet. Vous en discuterez avec les évêques du pays. Mais collaborez à obtenir le feu vert. Hors concile, vous ne l'auriez que très difficilement. A mon sens il ne faudrait prendre que des mariés éprouvés, avec quelques rares exceptions de célibataires sûrs* ».

Le cardinal de Malines présidait ce matin. Il a déclaré vers la fin de la séance qu'il y avait encore des orateurs inscrits pour au moins trois séances. En suite de quoi les *moderatores* interrogeaient l'Assemblée : « Faut-il mettre fin ce midi, ce jour, à cette avalanche de discours ? ». Tout le monde à peu près s'est levé aussitôt en applaudissant.

C'était stupide depuis vendredi. Toujours les mêmes raisons « pour » ou « contre » avec des sauces ne s'arrêtant qu'au signal.

Aujourd'hui un italien affirmait en 10' que des prêtres demanderaient d'être rétrogradés au rang de diacre pour pouvoir se marier. On a pouffé de rire !

Demain on nous remettra le libellé de 4 questions, vraisemblablement sur : diaconat *uxoratus* - diaconat *non uxoratus* - épiscopat sacrement - collégialité en concile, hors concile.

Ces votes ne seront pas définitifs ; ils viseront uniquement à informer le pape, la Présidence et la Commission théologique, de la tendance réelle des avis des pères du concile, de la majorité.

J'espère que ce sera *placet - non placet*, et pas *placet iuxta modum* (ce qui ne servirait à rien). Le vote aura lieu jeudi.

En tout cas ceux qui ont lu et écouté, savent le pour et le contre, et sont capables de formuler un jugement. Ou alors qu'ils demandent de pouvoir rentrer dans leurs diocèses.

Il est très sûr que les Orientaux s'étonnent sur les 4 questions plus haut. Ils s'étonnent, avec tous les latins progressistes, que des évêques latins puissent mettre en doute actuellement l'indépendance et les charismes du pape dans la mentalité de la conscience d'autres évêques latins. C'est invraisemblable ! On croit rêver ! En quoi l'évêque résidentiel ayant des droits venus de Dieu, nuit-il aux droits du pape venus aussi de Dieu ? En quoi le collège épiscopal successeur des apôtres met-il en péril les droits et charismes du pape ?

C'est à se demander si, chez beaucoup de latins du Sud, la pensée profonde n'est pas la suivante : les conférences épiscopales de la périphérie finiront par éclipser l'italianité stricto et lato sensu, qui, depuis des siècles, est prépondérante.

Il est des évêques de la périphérie, mis en boule par des changements « dangereux », qui font le jeu de l'italianité.

Quand ils s'en apercevraient, ce serait trop tard. Mais je crois que l'Esprit Saint inspirera à assez de pères des **vues larges et même audacieuses**, dans la prudence.

A quoi bon un concile si onéreux de toute manière, si fatiguant aussi, pour mettre saint Joseph au canon de la messe, introduire des langues modernes dans une petite partie du Missel et du Rituel ?

Je pense sincèrement que beaucoup de têtes mitrées ne valent guère plus que la mitre qui les couvre.

Vale. Oremus.

• Lettre n°15 (Rome, 17 octobre 1963)

Cher Père Van Wing.

On ne nous a pas encore remis les 4 fameuses questions. Demain, vote sur le *Caput* III ***De Liturgia*** en son entier. En fait on patauge dans le ***De Ecclesia***. Les grands ténors se taisent et les bavards bavardent. Aujourd'hui le Cardinal Lercaro en a arrêté un après 10 minutes de bavardage.

La Croix camoufle bien les bavardages. L'*Osservatore* ne donne que les noms des orateurs. On serait honteux d'étaler cette poussière devant les auditeurs laïcs et les observateurs non catholiques. Quelle confusion dans les termes et dans les idées !

Vale.

• Lettre n°16 (Rome, octobre 1963)[46]

Tendance Cardinal Santos : traiter de la Sainte Vierge à part. Tendance Cardinal Konig : traiter de la Sainte Vierge dans le schéma ***De Ecclesia***.

Chaque Cardinal s'est expliqué au micro. Demain nous aurons les deux textes. Et on votera sans doute lundi.

Si on ne traite pas ***De Beata Dei para*** tout de suite, on entamera le ***De Religiosis***, etc.

On ne parle plus des 4 questions annoncées par notre Cardinal belge ; et on en conclut que **dans les coulisses (chez le Pape), il y a des conciliabules serrés**. Les deux tendances profondes qui s'étaient manifestées trop brutalement l'an dernier, s'accusent plus discrètement et plus profondément aujourd'hui : collégialité - diaconat - pouvoirs des conférences épiscopales - conseil papal ou mixte avec la Curie, ou supra la Curie.

Vale.

• Lettre n°17 (Rome, 19 octobre 1963)

Cher Père Van Wing.

De source qui me parait sérieuse, j'apprends qu'il y a de 6.000 à 8.000 prêtres mariés civilement en Italie, et plus de 20.000 dans le monde. D'innombrables lettres d'évêques supplient Rome de leur permettre l'accès aux sacrements, au nom de la charité du Christ. Beaucoup ont été poussés à la prêtrise, ou se sont trouvés dans des

---

[46] [N.B.] Les quatre premières pages de la lettre manquent ; ceci est la cinquième et dernière page.

situations impossibles, dangereuses. Un de nos savants SJ suisse me dit que Migne a travaillé à son monumental ouvrage avec beaucoup de prêtres ainsi en déroute.

Hier, le Cardinal Gracias s'est fait interrompre assez durement par le Président Cardinal Doëphner ; il avait passé les 10'. Le Cardinal Rugambwa qui le suivait, s'est arrêté après 5 minutes, lui-même. Mon voisin de Linz et moi-même n'avons guère saisi le sens de ces deux interventions. J'ai l'impression que l'Indien avait peur de l'intrusion des laïcs dans le ministère sacré (au sens large), et que l'Africain souhaitait que des laïcs africains rejoignent au concile les auditeurs laïcs blancs ; mais je ne suis pas certain.

A cet égard, il m'arrive de trouver dans *La Croix* des choses que je ne croyais pas avoir entendues en séance. Et je me demande si les reporters de *La Croix* ne vont pas trouver les orateurs hors séance, pour leur faire préciser (avec bonheur) leurs déclarations. Je m'en réjouis au demeurant, car souvent on assiste à de pénibles bavardages.

Le Chapitre III du ***De Liturgia*** a donc eu le sort du Chapitre II : pas admis dans son ensemble, alors que beaucoup de points l'avaient été sans difficulté. On se demande si la raison n'est pas l'absence de certains changements demandés autrefois et sur lesquels les schémas sont muets.

Le particularisme joue évidemment contre les amendements présentés. Le refus du *Caput* II serait dû en partie au fait que les religieux (de monastère par exemple) doivent avoir la permission de l'Ordinaire pour la concélébration en dehors des cas généraux admis. Mon voisin de Linz (qui est de la Commission) me dit qu'il a deux monastères chez lui, vides, ou peu s'en faut, à l'occasion des fêtes, etc. Tous les prêtres sont en ministère. Alors ?

On nous a donné le *Caput* IV (bréviaire) amendé. Je doute qu'il soit admis au cours de la semaine qui vient.

Une conversation avec Mgr De Wilde (dominicain) arrivait hier aux conclusions suivantes (qui valent ce qu'elles valent !).

Le collège épiscopal est un fait actuel. On doit en tenir compte. Que ce collège soit égal à celui des 12 est douteux. Mais le concile peut le reconnaître et reconnaître qu'il est l'autorité ecclésiale suprême (sans le pape, il n'est pas de collège).

Le concile peut donner des droits aux conférences épiscopales. Un collège restreint issu du concile et entourant le pape, peut coiffer la Curie même remaniée, afin notamment de défendre telle conférence épiscopale dont les décisions ne plaisent pas à la Curie.

Le diaconat stable est à rétablir. Si on exige le célibat, on n'aura pas de candidats de valeur. Mais, sauf exceptions rares, choisir les diacres parmi les mariés bien assis : enfants, entente conjugale, situation financière due à un autre travail que celui du diaconat. Par exemple : médecins, avocats, ingénieurs, travailleurs divers bien rémunérés, ou des retraités pensionnés. Si on rate la décision, c'en sera fini pour très longtemps ! Et ce sera dommage. Au lieu de diminuer les vocations sacerdotales, comme le pensent certains, le diaconat stable provoquera des vocations issues des milieux où le prêtre n'a pas, n'a plus d'influence. Et en tout cas les diacres allégeront la charge presbytérale. Manifestement on a peur des laïcs. Petites idées ! Et cela au moment où la disproportion s'accélère entre pasteurs et ceux qui ne sont pas strictement des pasteurs (ordonnés).

Voilà, cher Père Van Wing, quelques échos et impressions à joindre à ce que révèle la presse.

Vale. Oremus.

• Lettre n°18 (Rome, 21 octobre 1963)

Cher Père Van Wing.

Si j'ai bien compris ce matin l'archevêque noir de Conakry, ce dernier a averti les organisations internationales (v.g. Moerman) et les instituts religieux d'avoir à ne pas imposer leurs vues aux évêques noirs, mais à composer avec les éléments, modus vivendi, jugés nécessaires par les évêques noirs qui savent, mieux que des étrangers, ce qui convient. J'imagine que c'est dans le modus vivendi qu'il y a eu des frictions.

Le Cardinal Ottoviani, lui, a dénoncé « des *periti* » (non nommés) qui avaient osé distribuer à des pères, des tracts les invitant à voter pour un diaconat *uxoratus.* Le cardinal proposa un « acolytat *uxoratus* ». Un rire discret a fusé.

L'archevêque qui le suivit au micro a entonné d'une voix puissante : *Venerabilis Patres, Carissimi Observatores, Auditores et Periti.* Ces derniers se sont dressés dans les tribunes, et tout le monde a ri de bon cœur.

Mon voisin, de Linz, m'engage à voter sans *iuxta modum* pour l'office divin. Il fait partie de la Commission. Je reproche qu'on ne dise pas clairement que le bréviaire pourra être dit *ad nutum* en latin ou autre texte approuvé - qu'on n'ait pas admis la suppression des psaumes imprécatoires si peu conformes à la charité du Christ. On dit que ces imprécations ont été inspirées. Je demande en ce cas si c'est pour les 20ème – 21ème siècles et les suivants. Car c'est de cela qu'il s'agit. J'écouterai ce que disent d'autres hommes tout aussi sages que mon voisin, avec lequel d'ailleurs je m'entends très bien. Il a évidemment peur que le *Caput* en question soit renvoyé, comme les précédents, en commission.

Vale.

• Lettre n°19 (Ce 24 octobre 1963)

Cher Père Van Wing.

Par pli fermé et ordinaire, je vous envoie pour le P. Provincial et vous, deux documents : une brochure imprimée dont j'ai enlevé la couverture et un feuillet stencilé. Ce dernier m'a été envoyé par la poste vaticane avant-hier sans lettre d'accompagnement. Le verso portait le cachet de la Congrégation des Séminaires et Universités.

La brochure est de mon ami l'évêque de Thèbes ; elle reflète bien la pensée des églises catholiques orientales sur : infaillibilité - collège épiscopal primauté, etc. Le feuillet montre l'autre tendance.

Ce matin un vote général sur le chapitre de l'office divin a donné sur 2.334 voix, 1.640 *placet,* 43 *non placet* et 551 *iuxta modum.* Pendant ce vote Mgr Zauner de Linz, mon voisin de gauche, lisait au micro, in extenso !, le rapport sur l'année liturgique. J'aurais pu, sans qu'il le sache, voter *iuxta modum.* J'ai voté *placet* malgré les objections que je vous ai signalées, de peur - renseignements pris à bonne source - qu'on ait moins bien. Le texte actuel permettra des arrangements. Les SJ auront comme moi été un peu ennuyés de voter le souhait que les prêtres, religieux ou non, vivant en communauté, récitent ensemble un morceau. Prime sera supprimé. Une seule petite heure sera obligatoire. Laudes le matin, vêpres et complies après-midi et soir. Matines, à n'importe quelle heure, s'appelleront « Lectiones » peut-être et comporteront des psaumes peu nombreux, mieux choisis, et des lectures plus nourrissantes.

Que dira-t-on quand on saura que seule la formule du mariage sera dite en langue vivante, alors que tous les sacrements sont faits pour les chrétiens et pas ceux-ci pour la formule ? Enfin, c'est voté, pas promulgué. Le pape a le dernier mot.

On a voté aussi par assis et levés la fin de la discussion sur ***Populus Dei*** et **Laïcs**. Les bavardages allaient s'étendre à l'infini : liste formidable d'orateurs. J'ai noté deux communications marquantes. Un USA a demandé une déclaration claire et nette du concile, formule engageant l'Eglise, sur l'égalité absolue en principe de tous les hommes noirs, jaunes, bruns ou blancs. Mgr Hakkim de Galilée, a protesté qu'on ait l'air de jeter le discrédit sur les prêtres et diacres catholiques mariés du Proche Orient, alors que ces prêtres et diacres travaillent dur dans des pays où les catholiques sont des minorités. Il s'est plaint de voir que beaucoup d'évêques latins boudent le diaconat marié, alors que deux hommes sur trois, dans le monde, ignorent le Christ et l'Evangile.

Mon voisin de Linz admet que le ***Populus Dei*** soit le *pusillus grex* (mots du Seigneur) sans que pour autant les autres soient privés du ciel. Cette fois-ci je lui ai dit nettement que je n'admettais pas que de braves mamans noires non touchées par l'Evangile soient *actu* privées de la grâce sanctifiante. Mgr Zauner a rougi et balbutié que je le prenais à l'improviste sur un sujet qu'il connaissait mal. Décidément il est très fort en liturgie, mais... Enfin le Cardinal de Munich, qui présidait, annonça que deux tendances très nettes s'étaient exprimées par lettres.

• Lettre n°20 (Ce 28 octobre 1963)

Cher Père Van Wing.

Je vous adresse une brève considération subjective, que je m'efforce de rendre objective, concernant la cérémonie qui s'est déroulée à Saint-Pierre ce matin à 9 heures, en présence du Saint-Père et de la quasi-totalité des pères conciliaires. Je ne veux pas devancer ou répéter la presse ou la radio-télévision.

Montrez cela à qui vous voulez ; mais, sans tarder trop, envoyez le petit rapport à ma sœur (via le Père Parein) = Madame R. Verraver, 7 Rue Jean Velge, Groenendaal-Hoielaart.

Merci.

Cordialement.

• **Lettre n°21 (Rome, 30 octobre 1963)**

Cher Père Van Wing.

Hier, 57ème et, ce matin, 58ème Congrégation Générale, marqueront l'histoire. Hier, ce fut, à la majorité de 50% + 17 des voix, la décision qu'il n'y ait pas de constitution ou décret ***De Beata Dei para*** ; mais que le sujet soit traité sobrement dans un dernier chapitre du ***De Ecclesia***. Jusque tard dans la nuit de ce lundi, dans les résidences épiscopales, intense propagande pour un document séparé. D'où : majorité faible. Heureusement les 2/3 de voix positives n'étaient pas requis. Le Pape a dû craindre l'échec, avec raison.

Il est évident que la raison principale était le « *non oportet* » surtout à cause des Protestants, mais même à cause des Orthodoxes. Vous voyez qu'on veut l'œcuménisme, à condition de ne rien toucher aux dévotions aimées depuis l'enfance. On voulait la Vierge co-rédemptrice et médiatrice de toutes les grâces, et tant pis pour l'UNION !

C'est en pareil moment qu'on sent avoir besoin de l'Esprit Saint qui, effectivement, veille. L'avertissement est dur pour ceux qui n'ont pas compris.

Ce matin, c'était le grand silence, tout à fait insolite à Saint-Pierre. On allait voter sur 5 questions, vote consultatif, mais qui sera repris délibérativement bientôt. Je joins le texte et le détail des voix. Ce texte était accompagné d'une note demandant le secret. Donc le Père Provincial et vous, uniquement.

Mgr Zauner, évêque de Linz, mon voisin de gauche si enthousiaste pour *De Liturgia,* n'a pas paru à la séance. Simple constatation. Il y a un évêque mort depuis ce matin, le 9ème, je crois, mais ce n'est pas Mgr Zauner.

Je ne ferai aucun commentaire : les chiffres parlent. Rien n'est d'ailleurs définitif, mais malgré certaines manœuvres qui durent depuis (cf. mes lettres précédentes), les manœuvres n'ont pas réussi. Il est évident qu'étaient en jeu : le rôle du pape, de l'évêque, des conférences et de la Curie.

Valete.

Oremus.

• Lettre n°22 (Rome, lundi 30 octobre 1963)

Cher Père Van Wing.

On est en route. Hier j'occupais ma place de l'an dernier 0538D[extra]. Depuis ce matin je suis devenu un homme de gauche S[inistra]0475. Je joins un petit plan pour ceux que cela intéresse.

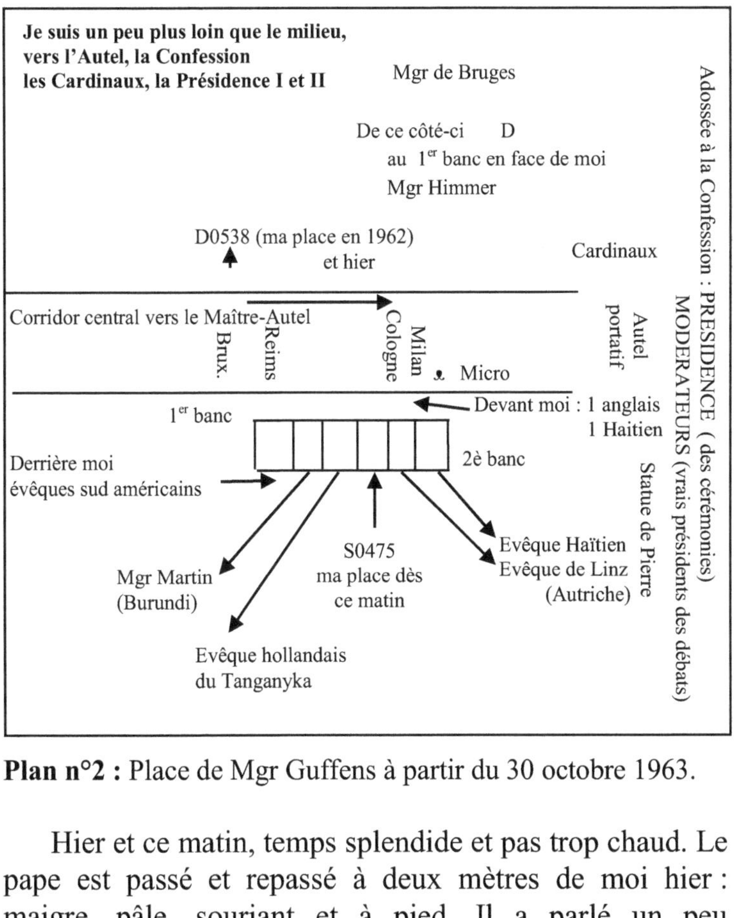

Plan n°2 : Place de Mgr Guffens à partir du 30 octobre 1963.

Hier et ce matin, temps splendide et pas trop chaud. Le pape est passé et repassé à deux mètres de moi hier : maigre, pâle, souriant et à pied. Il a parlé un peu longuement hier ; vers la fin on avait de la peine à suivre, vu la fatigue de tous après déjà une longue, très longue cérémonie. On espère que ce sera la dernière fois en 1963, qu'on sera en mitre et chape. Ouh !

Ce matin ont débuté les travaux. Après de multiples recommandations d'éviter **toute parole inutile**, déjà dite, etc., on nous a lu in extenso le rapport sur le schéma ***De Ecclesla*** que tous avaient depuis hier, imprimé, et que j'avais lu très attentivement hier dans la soirée, avec d'autres papiers sur le même sujet. Bon. Le Cardinal Agagianian présidait les débats. Le cardinal Tisserant présidait la cérémonie (prière avant et angelus après).

Le pape a fait dire qu'il attendait « respectifs » secret et discrétion, se fiant au jugement des pères. Vous êtes mon théologien n°1.

En fait le Cardinal de Cologne s'est plaint au nom de 66 évêques sur 3 points principaux, quant au schéma :

1° Qui est ou n'est pas membre de l'Eglise ?

2° Autorité trop marquée et enseignante du pape, au regard de celle des évêques.

3° Action missionnaire « essentialiste » de l'Eglise pas assez affirmée.

Cardinal Siri : craint que le texte ne soit équivoque dans bien des théologats et sur diverses matières.

Patriarche Liban : A Rome, **foi** veut dire quoi ? Ailleurs, **foi** veut dire quoi ? Distinction pas assez marquée entre église enseignante et église enseignée.

Un autre père craint que le mot *mysterium ecclesiae* ne soit compris que très mal, i.e. : Eglise = incompréhensible.

Et d'autres...

Le frère de Diem s'est fait rappeler à l'ordre par le président Agagianian, attendu qu'il parlait en dehors de la question. En tout cas, bien avisé qui pouvait comprendre la vraie pensée de l'orateur : cela sentait le Tiers-monde à plein nez.

Et voilà, cher Père Van Wing, un 1er aperçu. Je n'ai pas encore fixé mon théologien n°2. Bonjour spécial au Père

Cools. Bonjour à toute la communauté, et au Père Parein.

Votre fidèle lecteur.

Oremus !

- **Lettre n°23 (Rome, 2 novembre 1963)**

Cher Père Van Wing.

Malgré l'étonnement de Mgr Geeraerts, je me tiens à distance de la Conférence congolaise. Mgr Geeraerts m'a demandé si j'avais été invité. Je ne l'ai pas été et je ne pose aucune question. Parfois « on » me dit quelque chose (tel ou tel évêque). C'est ainsi que j'ai cru comprendre, dans un entretien à Saint-Pierre avec Mgr Lefebvre de Kikwit, que Mgr Mels s'est fait le disciple de Mgr Charue, de Namur, à propos des questions concernant les religieux (au moins certaines questions importantes) et qu'il entraine Scheut dans cette voie. Je ne vous ai encore rien dit à ce sujet, préférant attendre un peu et réfléchir.

Il y a ces derniers jours à Saint-Pierre certains moments pénibles. A entendre tels archevêques ou évêques, voire cardinaux, « les » religieux penseraient avoir le monopole de la sainteté. Quelle blague ! Ayant quelque **peu** d'expérience en cette matière, je crois que le mot « sainteté » cache le mot « exemption ». Et je crois plus que jamais que l'exemption est indispensable à la bonne tenue des grands instituts religieux qui, sans elle, seraient ingouvernables, au détriment et des religieux et de l'apostolat tout courts. Je crois aussi que les attaques, qui semblent avoir été dures dans les commissions et dont nous percevons maintenant les échos en séance, attireront l'attention des Supérieurs religieux sur les limites de l'exemption à faire respecter par leurs inférieurs. D'autre part, les évêques et leurs collaborateurs majeurs s'apercevront qu'ils n'ont rien à gagner à restreindre l'exemption.

Lundi dernier, les évêques SJ avaient été invités *viva voce* (cela s'est fait à la photo qui précéda le dîner d'il y a aujourd'hui 8 jours) par le Père Général en personne, à un forum sur le ***De Religiosis*** avec les *periti* SJ au Bellarminum, à 17h30. Je n'ai pu m'y rendre parce que Scagnetti avait pris rendez-vous à cette heure et ce jour-là, à l'Université de Rome, avec un ex-compagnon d'études qui m'a fait l'examen du sang. Cet examen fut bon, mais je n'étais pas à jeun, et le Docteur Van Rossum, qui n'aime pas ce système, en tiendra compte.

J'ai donc fait savoir discrètement pourquoi je ne serais pas au Bellarminum. On y a remis aux SJ un mémoire très bien fait, que j'ai lu le lendemain (exemplaire de Mgr Lefebvre de Kikwit). C'est toujours la même chose. On veut établir des règles là où seules peuvent agir efficacement la loyauté et la compréhension mutuelle. Sans doute le système : « territoires de Mission confiés à tels Instituts » rend difficile le gouvernement de l'évêque, surtout depuis l'établissement de la hiérarchie. Mais ce système, semble-t-il, sera maintenu. Et je constate que les difficultés ne manquent pas dans les contrées où ledit système est inexistant (Belgique, par exemple). Mgr Lefebvre me disait que l'attitude du Père Mertens était au moins aussi gênante, si pas plus, que celle, jadis, du Père Allard.

Ce n'est pas peu dire, car j'ai vécu au 1er rang cet affrontement durant des années quand j'étais supérieur à Kinzambi où vivaient le Vicaire Apostolique et le Supérieur Régulier SJ.

Revenons à Saint-Pierre. Beaucoup plus vite qu'on ne s'y attendait, par assis et levés, le Cardinal Président (pas Mgr Suenens) a en fait mis fin à la discussion sur les voies de la sainteté. Pourquoi l'a-t-il fait ? La quasi-totalité des évêques s'est levée. Le fait est là. Il y avait longtemps que j'attendais qu'on mette fin au stupide bavardage sur la question. Je me suis donc levé. Mgr Lefebvre m'a dit être resté assis. Je prévoyais l'incident et me disais que les religieux étaient assez forts pour user du droit qu'ont les évêques après un vote par assis et levés : si un certain nombre d'évêques signent ou au moins donnent personnellement leur accord, tel évêque ou tel Supérieur Général peut parler le lendemain.

Vers 17h30 je recevais de la Curie un appel : « Donnez-nous votre nom, etc. ». « Bien sûr ! », ai-je téléphoné au Père Molinari (Curie SJ). Entre 20h30 et 21h, appel téléphonique de la Curie (je crois avoir reconnu la voix du Père Smetsers) : « Avez-vous reçu le pli- (non signé) - du Borgo ? ». Je répondis : « Révérend et cher Père, j'étais au lit sous l'influence des cachets que je dois prendre pour dormir. A 18 heures j'ai téléphoné personnellement au Père Molinari, de la Curie, désigné pour recevoir les accords éventuels. Je l'ai eu au bout du fil et nous avons parlé français. Alors ? ». -« Excusez, mais nous sommes tous surmenés aujourd'hui, etc. ».

Ce petit incident amusant lève un coin de la coulisse. L'appel écrit, non signé, que j'avais reçu vers 17h30 disait la surprise qu'avait causée le vote par assis et levés, et que l'intervention éventuelle ne souffrait aucun retard.

A la séance de jeudi, j'ai bien écouté ; on a continué en fait la discussion. Mais selon le règlement, le Cardinal de Vienne qui présidait s'en tenait aux 7 minutes sans *excursus*, et en a arrêté plus d'un, réprimandé plus d'un (dans le cas, c'est 7' et plus 10'). La seule intervention efficace me parait avoir été celle du Général des Franciscains (ceux de Kamina) certainement mandaté ; car il a dit que le Comité des Supérieurs Généraux demandait à l'unanimité que le ***De Religiosis*** soit traité à part, comme le ***De Episcopis*** et le ***De Laïcis***. On en était là jeudi à 12h20. Maintenant, attendons la suite.

Les Religieux ont raison. Mais le temps passe. Il reste un mois coupé de congés. Plusieurs projets doivent être refondus et soumis de nouveau à l'Assemblée. Il est certain que si le clergé et le laïcat comptent des religieux, contrairement à ce que pense Mgr Charue, ces religieux doivent être envisagés *qua tales* par le concile.

Oremus.

• **Lettre n°24 (Rome, 5 novembre 1963)**

Cher Père Van Wing.

Je reçois votre lettre du 3 novembre. Merci.

Message pour le Père Varga : à Saint-Pierre, Mgr André a le n°S/357, Mgr Vincent le n°D/318 et Mgr Sandor le n°358. J'ai touché ce dernier ce matin à Saint Pierre et ne lui ai posé aucune question. Il a reçu la lettre du Père Varga et me remettra la réponse, que je vous enverrai. Il a l'air de se bien porter. Je pourrais éventuellement remettre à tel ou tel de ces 3 un message. J'ai évité de toucher ceux auxquels je n'avais rien à dire (les deux autres).

Ci-joint un pli pour le Père Wouters.

On n'a plus parlé des religieux ce matin. Je ne suis pas trop inquiet à leur sujet (cf. ma lettre précédente). Mais on devra absolument modérer les paroles et les actes qui outrepasseraient l'exemption, avec tout ce qu'elle comporte. Je vous ai écrit que les Supérieurs Majeurs demandaient un schéma séparé, et donc ultime.

Le débat de ce matin ***De Gubernatione Dioccesium*** fut l'un des plus marquants de l'actuelle session. Cardinaux Liénart, Richaux et autres ont la même inquiétude (à leur sujet) que le Père Snoeck (au sujet des religieux). Je savais - et ce fut dit en séance - que la Commission intersession avait siégé et fait imprimer le schéma alors que x membres, surtout français, n'étaient pas arrivés. Décidément, il y a de l'eau dans l'huile et ça ne tourne pas rond. Mais actuellement les évêques ont un point d'appui solide : le vote massif sur les 5 points. Ils exigent comme un droit ce qu'on veut leur concéder comme faveur. Le remède au « *sine Petro* » = les conférences régionales *(i.e. ultra limites nationis cuiusdam) ;* à mon avis, celles-ci seules devraient avoir des pouvoirs législatifs. Et d'ailleurs on ne vit plus au temps du gallicanisme, bien que la prudence soit de rigueur.

Après quelques jours de froid ici, il fait trop doux pour l'époque où l'on vit.

Bonjour aux Autorités et aux amis.

• Lettre n°25 (Rome, 6 novembre 1963)

Cher Père Van Wing.

Le pape a mis fin ce matin aux bavardages sur le Chapitre II ***Liturgie*** en demandant par assis et levés : tout le monde s'est levé et on a commencé le III. C'est stupide de n'apporter rien de neuf, de répéter, malgré les avertissements, ce qui a été dit pour ou contre, et même de parler en dehors du sujet. On dirait des députés qui doivent montrer à leurs électeurs qu'ils sont là ! Que doivent penser les observateurs ? Et les Noirs ! Et les Jaunes, les Bruns !

A travers les bavardages il y a un courant qui se dessine malgré tout : minimiser le latin, sauf pour le Canon - lectures à l'ambon - limiter strictement la communion *sub specie vini* (ordinations - derniers vœux - mariages malades...) - concélébration quand il est difficile de dire la messe paisiblement vu l'affluence de prêtres (v.g. Lourdes) ou en certaines circonstances : retraites sacerdotales, etc. Je vous dirai de vive voix ce que j'ai proposé via l'Evêque de Liège : pour messe, sacrements, etc.

L'idée de conférences épiscopales avec pouvoirs fait son chemin.

On discute donc maintenant sacrements et sacramentaux. On va voir. Mais déjà les « bavardages » ont repris. Apparaît nettement un manque de formation scolastique (dans le sens ancien bien conçu et modernisé) chez beaucoup de Pasteurs : distinguer l'essentiel de l'accessoire - hiérarchie des valeurs.

De temps en temps il y a du très bon : v.g. :

- que les évêques, successeurs des apôtres, aient juridiction comme les cardinaux *in toto orbe terrarum ;*

- qu'au malade incapable de prendre un fragment d'hostie, on donne une goutte de vin consacré.

Ceci soit dit à titre d'exemple. On peut n'être pas d'accord. Mais cela a un sens, tout au moins !

Nos évêques congolais se taisent, noirs et blancs, en général du moins.

Le pape a décidé de stopper l'actuelle session le 8 décembre. J'ai place le 9 décembre sur un Alitalia qui me ramènera à Bruxelles vers 20h30. Ce sera la course vers les Sabena et autres bureaux, ces jours qui viennent.

Merci au Père Provincial de sa bonne lettre et au Père Socius de son intention.

Bonjour à toute la communauté (au Père Cools et au Père Parein en particulier).

En union.

• Lettre n°26 (Rome, 8 novembre 1963)

Cher Père Van Wing.

Ce matin à Saint-Pierre j'ai vu Mgr Nganga, de Lisala, qui m'a dit que Kimbondo et Malula étaient rentrés à Rome et contents (je n'en sais pas plus pour le moment).

Avant-hier à 19h30 les évêques du Congo (ex-Belge), anciens aussi, étaient attendus par Paul VI. Nous fûmes reçus dans la bibliothèque où se font les audiences privées, tous assis sur de bonnes chaises, le pape au milieu de nous sur un beau fauteuil. Chacun fut présenté. Puis allocution de Mgr Scalais (très simple) et réponse du pape (très cordiale). On a parlé un peu. Puis lui-même Paul VI a remis à chacun une plaquette bronze-doré : N.S. avec les 12, mais Pierre a la figure de Jean XXIII. Le pape debout était entouré d'évêques « congolais » vraiment comme un simple « *mbuta* »[47]. Mgr Verwimp était là. Donc 4 SJ.

Reliqua viva voce à mon retour, vers le 10 décembre. Je le fixerai dès que possible. Donc encore 1 mois. Je serai content de rentrer chez moi. C'est fatiguant et souvent

---

[47] En kikongo dans le texte : *mbuta* signifie « aîné ».

embêtant ! Pour le moment, le foie et les « pays-bas » me gênent un peu.

Voyons, que dire, car les journaux sont ces derniers temps assez complets et objectifs. Ce matin, le Cardinal Ottoviani, silencieux depuis plus d'un mois, a tonné de sa grosse voix indignée. Le Cardinal de Cologne venait de reprocher au Saint-Office diverses attitudes et manœuvres ; ainsi qu'à d'autres dicastères. Lesquels, disait le Cardinal Frings, sont au service de l'épiscopat et ne sont pas les supérieurs de l'épiscopat.

En fait, j'entends parler de manœuvres qui, si elles sont vraies, ce que je crois, sont scandaleuses. Je préfère ne pas les confier à ce papier. Tout cela, à mon retour à Bruxelles. Ce que je sais, c'est que le Cardinal Frings et tant d'autres Pères ne parlent certainement pas à la légère d'affaires aussi graves. Les Messieurs de la Curie mettent toujours le pape en avant, mais en fait ils jouent au pape eux-mêmes. Comment le Saint-Père pourrait-il contrôler tout ce qu'on lui fait dire ?

Si le Cardinal Ottoviani a recueilli quelques applaudissements dispersés dans *l'aula*, le silence glacial de la grande masse était éloquent. A entendre le Cardinal Ottoviani, les 5 votes célèbres d'il y a quelques jours contiendraient des contradictions avec ***Pastor Aeternus*** de Vatican I. Peut-être que oui, quand c'est le Cardinal qui lit et interprète la constitution centenaire. Mais on suppose que les 2.000 Pères la connaissent aussi et que le flot de discours a suffi à les éclairer sur leurs votes respectifs.

C'était un vote de consultation. Bien d'accord. Mais il fut tellement massif « pour », après toutes les dissertations, vives parfois, pour et contre, qu'il n'est pas possible de n'en tenir pas compte. Je ne crois pas qu'on passera à un vote définitif en 2ème session, car les textes et les fondements scripturaires et autres exigent une longue étude précise.

Le Cardinal a parlé en homme passionné, affirmant que les modérateurs ne pouvaient donner aux pères les textes des 5 points sans en référer à la Commission théologique (que préside le Cardinal !). *Quod non est verum* : c'était une consultation. Je pense qu'on devra écarter le cardinal si l'on veut éviter une sorte de « brigandage d'Ephèse » !

Ce matin toujours le Cardinal de Cologne avait demandé qu'on diminue en Curie les *officiales* évêques, qu'on ne nomme plus en Curie d'évêques qui n'ont pas besoin de l'épiscopat, qu'on n'ordonne plus prêtres des hommes de Curie qui n'ont pas besoin de la prêtrise pour leur travail. C'était très fort, très dur, mais dit sans passion ; et c'était sûrement concerté.

Je crois que l'italianité ecclésiastique est aux abois. Ils ont cru qu'une contre-attaque de leur part ferait taire l'Episcopat. Ce n'est certes pas le cas. On sent que cet épiscopat, blanc, noir ou jaune, dans sa majorité (peut-être pas absolue) en a assez de la dictature curiale. Avec un calme parfait, ce matin un archevêque noir avait signalé des cas où l'on attendait durant 4 et 5 ans la réponse de Rome à des questions urgentes.

• Lettre n°27 (Rome, 12 novembre 1963)

Cher Père Van Wing.

Je suis sorti ce midi de Saint-Pierre avec Mgr Van Zuylen. Ce dernier semblait fort surpris que notre Cardinal, lequel a parlé le premier, longuement, n'ait pas été plus net en proposant 75 ans comme limite d'âge aux cardinaux et évêques en fonction, le pape seul échappant à la loi et pouvant dispenser *ad tempus* tel et tel cardinal et évêque. Les jours précédents, la réaction fut vive, et sans doute le pape a-t-il conseillé à Mgr Suenens la prudence. Mais le choc est donné.

Hier (je pense) le Cardinal de Vienne a parlé de la question mais j'imagine qu'il voulait y glisser sa réponse (celle des modérateurs) à Ottoviani, réponse enveloppée dans son intervention sur le sujet du jour : *« On a rendu clair ce qui était obscur. Qu'on ne rende pas obscur ce qui est devenu clair* ». Ce sont les paroles mêmes du Cardinal. Il a ajouté que toutes les règles avaient été scrupuleusement observées dans la rédaction, le fond et la proposition aux suffrages des 5 questions. En fait le pape lui-même avait entendu le pour et le contre, et donné le feu vert. S'il semble que la Haute Direction conciliaire a réuni seulement à 2 voix près la majorité requise, le pape a dit son mot. Quant aux suffrages massifs à 75%, vous les connaissez. La Curie, l'italianité et quelques autres unités ont de la peine à avaler le fait désormais acquis sur le fond. Cela fut habilement orchestré : discussion en *aula* - discussion chez le pape - discours du pape après le sacre des 14 évêques - vote.

Le but est de moderniser le gouvernement de l'Eglise en internationalisant la Curie désormais quasi sans pouvoirs de poids, réduite à l'état de bureaux, un « Conseil d'Administration » extra curial et international présidé par le pape, étant l'organe : « comité permanent » de l'épiscopat mondial. *Dura nécessitas*, mais il le faut !

Maintenant on transpire sur le pour, le contre et le comment des conférences épiscopales ; et il semble qu'on veut des conférences nationales. J'irais plus loin. Au moment où se fait l'Europe, où se fait l'Afrique, « international » sans trop préciser le sens du mot (actuellement) sonnerait mieux. On touche ici du doigt l'esprit particulariste très généralisé dans cette assemblée. Les conférences vraiment nationales pourraient s'appeler régionales (sans autre précision). Tel est mon humble avis. On verra ce qui suivra.

Il n'est plus possible de douter du rôle du Cardinal Suenens. Il devient la vedette de Vatican II.

J'en reste là ! A bientôt et *oremus*.

- **Lettre n°28 (Rome, 15 novembre 1963)**

Cher Père Van Wing.

J'ai reçu une invitation à la Villa Pamphili pour la fête du Roi, mais assez fatigué je n'y vais pas. Je ne vais d'ailleurs à aucune réception, en cérémonie non obligatoire.

Le 14ème Père du concile, session 2, est mort hier : Général des Trappistes.

Il semble que les *cursores* ne soient plus séminaristes, mais prêtres, encore jeunes, ordinairement secrétaires de curies épiscopales. L'expérience de l'an dernier ne fut heureuse, ni pour les études, ni pour la mentalité. Et je le comprends aisément.

Parfois après la messe qui précède les Congrégations Générales, l'intronisation de l'Evangile et la prière *«Adsumus* » au Saint-Esprit, la voix du Secrétaire Général Felici gronde quand il prononce le *Excant omnes* ! On dit alors que le premier à fuir, c'est le Saint-Esprit ! Il y a de quoi !

Je pense qu'aujourd'hui soir le Saint-Esprit a rendez-vous chez le pape avec le Conseil de la Présidence, les modérateurs et quelques autres personnalités de haut rang.

Le cardinal Ottoviani ne se rend pas et a trouvé des supporters. Ce qui fait, par exemple, qu'on patauge dans la discussion sur les pouvoirs et la nature des conférences épiscopales.

On a tant de fois prononcé le mot « conférence épiscopale **nationale** » que je me suis permis d'attirer l'attention du cardinal Léger de Montréal, lequel a paru reconnaître que le mot était pour le moins équivoque. Sans doute a-t-il agi sur tel ou tel, car le mot a été attaqué à diverses reprises. Pourquoi ne pas dire « régionale » - « provinciale », etc.? Je me demande si les partisans de pouvoirs juridiques à accorder à telles ou telles conférences les obtiendront. La résistance est très forte. On argue d'une part du droit divin de l'Ordinaire, et d'autre part du caractère non collégial des diverses conférences, si ce n’est par analogie avec les conciles canoniques. D'autant plus que la collégialité *de iure divino* continue à être niée ; mais je crois que sur ce point le pape interviendra « pour ».

On a aussi beaucoup insisté sur la nécessité de conférences d'Ordinaires ecclésiastiques et religieux réunis ; en quoi l'on a évidemment raison.

Mercredi dans la soirée le Frère Max Thurian de Taizé fut invité par le Cardinal à parler aux évêques belges Via del Quirinale : 16h30. J'y fus. Grand et mince, vêtu comme un bénédictin, mais blanc (pas noir), très distingué, il nous a expliqué les conclusions du Congrès de Montréal. C'est impressionnant. Evidemment, il ne s'agit que des Anglicans, Luthériens et Calvinistes, et d'autres groupes assez apparentés. On a « enterré » (le mot est de l'orateur) l'« Ecriture seule source de révélation », admis la présence réelle et le caractère sacrificiel de l'Eucharistie, et le baptême (matière et forme) des catholiques comme seul valide. L'orateur a un sens de la nuance, une délicatesse d'expression qu'on ne peut guère espérer de beaucoup de pères qui prendront dès lundi la parole dans *l'aula* : ***De Oecumenismo;*** c'est à avoir peur de voir venir cette semaine. Evidemment ceux qui gafferont, s'il en est, se feront durement attraper le lendemain (ou le jour même par le Président). Mais le mal sera fait. Gare à la presse également.

Le Frère Max dit que « des peuples entiers aspirent à l'unité et la demandent au Seigneur avec insistance ». Les Orthodoxes, dit-il encore, et, bien qu'à un degré moindre, les évêques anglais se montrent assez réticents.

C'est donc l'évêque de Goma qui fut choisi par les autres pères Africains de l’ex-colonie belge pour déclarer que le rôle d'évêque auxiliaire ne cadrait pas avec la mentalité des populations dont les chefs civils sont autochtones. Les Pères Blancs se frottent les mains, m'a dit Mgr Geeraerts ; ils n'ont pas d'auxiliaires. Il semble bien que l'orateur fut quelque peu forcé de prendre la parole et qu'il n'a pas dit tout ce qui avait été préparé en commun.

C'était l'une des raisons pour lesquelles j'avais demandé au Cardinal Léger d'agir : conférence « nationale » dont les résidentiels seraient en majorité non autochtones. Evidemment il y avait encore d'autres raisons. Peut-être d'ici quelques jours aurai-je échos des réactions. Celles de Mgr Lefebvre de Kikwit (avec lequel j'ai de très bons rapports, si bien, par exemple, que je rentrerai avec lui à Bruxelles) n'étaient guère enthousiastes ! En tous les cas je sais maintenant qu'ils sont parfaitement capables de se défendre eux-mêmes et d'exposer leurs desiderata. Bon à savoir !

On peut déjà dire « à bientôt », cher Père Van Wing. Le soir, quand j'entends l'indicatif radio-belge, je songe inévitablement à vous. Mais souvent les parasites sont gênants.

Oremus.

• Lettre n°29 (Mardi 19 novembre 1963)

Cher Père Van Wing.

Merci de votre billet du 17/XI arrivé ce midi. Merci au Père Provincial et au Père Cools de leur bonjour aimable. Samedi, dimanche et hier, j'ai été souffrant, si bien que je n'ai pas été à la séance d'hier lundi. Ça va.

Ce matin, brillants exposés du Cardinal Béa sur ***Eglise Catholique et Peuple Juif***, et de Mgr de Bruges sur ***La liberté de conscience dans l'Eglise Catholique***, particulièrement au XXè siècle. Les journaux en parleront. J'ai les textes.

Cordialement. A bientôt plus de détails.

• Lettre n°30 (21 novembre 1963)

J'ai vu hier dans la soirée le Père Général chez lui. Je n'avais pas d'affaires à traiter. Si bien que nous avons bavardé, ce qui ne m'était jamais arrivé avec Sa Paternité.

Encore fort gêné dans la vue, le Père Général souhaite que le deuxième œil soit opéré le plus vite possible. Il voudrait pouvoir enfin travailler et y voir ! Il n'est guère possible qu'il assiste à la fin de l'actuelle session. Le Père Général m'a dit (et permis de répéter discrètement) que le Père Lombardi s'était mis en tête d'aller dans les diocèses expliquer le sens de Vatican II, pour aider les évêques. On voit où cela peut mener. Aussi notre Général s'est entendu (avec le pape : ceci à ne pas répéter) pour que *Mundo meliore* soit soumis à un Cardinal de Curie, ce qui est fait. Aucune responsabilité pour la Compagnie. Ces propos me semblent ni « approuver » ni « désapprouver » ; mais il est trop évident que de la casse est à prévoir. Alors !

La conversation avec notre Général me met plus à l'aise pour dire que la Commission théologique et son président Ottoviani entendent bien diriger et contrôler le concile. Comme déformation professionnelle, c'est de taille ! Heureusement pas de Martin Luther en 1963 !

Les attaques contre le livre du P. Levie ont été jugées par Paul VI comme injustes et pas même *sacerdotales.*

Concile : Depuis hier on a installé une longue, large et riche draperie entre le fauteuil papal et l'autel de la confession (que l'on ne voit donc plus). Mgr Villot, sous-secrétaire, m'a dit que le pape « viendrait s'y asseoir un de ces jours ». Veut-on protéger le pape contre les courants d'air (réels !) ou encore rehausser par du rouge et des ors la *cathedra Petri viventis* ?

Les discussions actuelles sont assez peu cohérentes. On y sent les « durs » cléricaux, papistes, ainsi que les jaloux orientaux qui trouvent que les Juifs ont plus que leur part de clémence. Cela ressemble à la tempête silencieuse quand les vagues montent, descendent, vont à gauche et à droite, les mouvements étant souvent mêlés. Attendons lundi ou mardi, on verra. Je confirme que les discours Béa et Desmet sont des chefs d'œuvres : de la très haute action apostolique.

Oremus.

- **Lettre n°31 (Rome, 26 novembre 1963)**

Cher Père Van Wing.

Au concile, on « en a assez » et on tourne en rond. Hier a été voté de justesse le schéma sur ***Les moyens de transmission : TV-Radio-Presse***. On s'est fort étonné de cette manière d'agir. Des avis divers, même signés par des évêques, demandaient le *non placet.* On ne pouvait plus voter *iuxta modum.* La presse française catholique (*Figaro*, par exemple) trouvait ce schéma mal fichu. Item le Père Danielou. Mais la manœuvre de ceux qui voulaient le faire passer fut habile. On avait voté l'an passé chapitre par chapitre. Il y a quelques jours on a présenté à la fois deux amendements, bons. C'est ce qui a fait réagir contre.

Hier matin à la porte de *l'aula*, on distribua des « avis *non placet* » signés de plusieurs évêques. Le Secrétaire Général Felici a piqué une colère, mobilisé les gendarmes pontificaux, arraché lui-même des paquets de feuillets des mains des distributeurs. Après la messe sa colère était mal calmée quand il annonça le vote et protesta contre les papiers. Le Cardinal Tisserant, lui-même furieux, a pris la parole pour blâmer les auteurs des feuillets.

En tout honneur, il y a eu manœuvre de la part de la Présidence et du Secrétariat, et contre-manœuvres d'autre part. On dit que les modérateurs ne furent pas tous consultés. Sans les hurlements du cardinal-Doyen, je crois que le *quotum* des *placet* n'eût pas été atteint. On a eu peur (et j'en suis) des réactions de la presse, suite à la double intervention du Cardinal Doyen et de Mgr Felici. « Conflit entre la majorité et ces MM ». Ni Mgr Lefebvre, par exemple, ni moi, ni bien d'autres n'avons osé prendre cette responsabilité de (...) digne de Vatican II en 1963. Ce texte devait être autre chose que des recommandations d'un curé à ses paroissiens. On en reparlera. II est probable que le monde instruit sera déçu. Encore que le pape pourrait intervenir !

Ce midi, sur ***l'œcuménisme intre ecclesiam*** (si l'on peut dire !), Mgr Himmer, très intéressant, spirituel dans les deux sens, s'est fait couper la parole par le Cardinal de Munich « *denique tandem, Ven. Pater, velis finem imponere tuae ullocutioni* ». Il était tard !

Je vous dirai ce que j'ai répondu au Père Général qui me demandait : « Etes-vous content du concile ? ». *Iuxta modum,* ai-je répondu. D'accord, ajouta le Général.

A bientôt, donc, cher Père Van Wing. Et *oremus* !

3. SESSION III (1964)

• Lettre n°32 (Rome, 6 octobre 1964)

Cher Père Van Wing.

Les « *adnexa* » au schéma XIII de l'***Eglise dans notre monde actuel,*** sont une doctrine à peu près complète : sociale, familiale, etc. Je souhaite que ces textes sortent en 1964. Bien de choses que l'on traite ici sont importantes, mais leur valeur et leurs incidences échappent aux masses. Le schéma XIII fera « choc » dans le bon sens et disposera les hommes de bonne volonté à écouter l'Eglise aussi sur le reste.

En union bien cordiale.

[P.S.] Le rythme du concile est très fatigant.

• Lettre n°33 (10 octobre 1964)

Cher Père Van Wing.

On m'avait dit que le pape songeait à s'installer ailleurs à Rome, tout près du Vatican. Mais on m'assure qu'il n'en est rien et qu'au contraire les appartements ont été dépouillés de tout le fatras séculaire des ors et autres objets de musée, modernisés de manière digne et simple. Je tâcherai d'aller voir ça un de ces jours. Une revue de Venise : *Questitalia* qu'on m'a passée (mais que je dois rendre) critique durement l'épiscopat italien qui ne fait rien pour aligner sur la Constitution ***De Liturgia**,* les offices dans la Péninsule. Et de fait je ne vois aucun changement (je ne parle pas de la salle conciliaire), même chez les Sœurs où je loge. Les jours de classe, toutes les Sœurs, Supérieure aussi, même non étudiantes, communient avant la messe. Je dis la messe à 6h30 ; il suffirait de l'avancer de 15'. Un jésuite me suit à 7h. *Ergo !* A certains jours on chante des fadaises pendant la messe ou, à la seconde, bénédiction du Saint-Sacrement. Le Jésuite suisse n'ose rien dire. *Hic leges conduntur, alibi observantur !*

Le Cardinal Tisserant présidera aux prières qui commencent ou terminent les séances. Avant, c'est la prière **Adsumus**. Depuis bientôt un mois, il trouble la prière (dite très posément) en suivant toujours les 2.000 évêques et les autres, de 2 ou 3 syllabes. Cela fait une belle cacophonie. Mon voisin français n'a aucun espoir de voir un amendement se produire : le doyen semble grisé par les honneurs (dixit mon voisin). A la fin de la séance, au lieu de réciter l'Angelus, c'est d'abord : *«gratias tibi agimus...* », angelus, 3 gloria Patri, prière de l'Ange gardien : cela irrite un grand nombre d'évêques ; il n'a pas le droit. Mais rien à faire ! On est là depuis 4 heures, fatigués ; certains habitent loin, ont des rendez-vous et on finit rarement avant 12h30, parfois après !

Le Secrétaire Général Felici lit à toute vitesse (je n'en pourrais faire autant !) des textes très graves parfois sur quoi il faut voter. Que doivent penser observateurs et auditeurs ? Ou bien on a étudié le texte, et cette lecture est inutile ; ou bien pas, et alors je défie quiconque de comprendre ! Quand on songe à la communication *in sacris,* aux Orthodoxes et aux Protestants, cela fait mal. Pourquoi pas 5 minutes de silence total pour que chacun relise ce qui va être voté ? Je l'ai dit à l'archevêque Villot, coadjuteur de Lyon, sous-secrétaire. Il m'a dit qu'il avait averti le Secrétaire, lequel l'avait envoyé promener.

Le public est assez nombreux à la messe, bien qu'il faille une « carte ». La sortie est lente et on perd du temps. Le Secrétaire s'agite, hurle : *exeant omnes cum omni festinatione* ! Mais j'ai été voir : il y a 1 mètre de large pour passer de la tribune à la nef latérale. On ne pouvait arranger ça autrement ? Et changer la formule : *exeant omnes* (pourquoi pas les évêques ?). « *Velint exire illi omnes qui Cong. Gen. non iure participent* » et aménager les sorties !? On a bien de l'argent pour ces milliers de pâtisseries qu'on sert aux bars à partir de 11h. Je n'en prends jamais, ni ne bois quoi que ce soit.

Le Nonce de Léo a invité à dîner Via Aurélia les pères conciliaires de sa « province » à l'occasion du 2nd anniversaire de sa nomination au poste de Léo. J'ai répondu que la fatigue consécutive aux séances (il invite à 13h30) et le strict régime, etc. mais que je joignais mes félicitations à celles des autres, etc. Je n'irai pas non plus à la réception chez le baron Poswick. J'irai à celle de Mandi s'il y a invitation. Le cardinal Suenens nous a invités (belges) au Collège Belge mercredi prochain à 16h, pour parler du Congo, du ***De Missionibus*** par exemple. J'irai. Faute de quoi il penserait que ce que j'ai remis à lui-même, et au secrétariat, ne vaut que « derrière les rideaux » ! Et s'il faut dire quelque chose, je le dirai avec modération et respect.

On ne dit plus rien du chapitre ***Juifs*** et du chapitre ***Liberté religieuse***. Il y a en coulisse des escarmouches presque certainement : on commence à s'y habituer. Le schéma des ***Laïcs*** a été composé par des ecclésiastiques ; en dernière minute et trop tard on a appelé des laïcs. Il faudra le recommencer avec les laïcs présents à Rome. On dit (?) que bientôt il n'y aura plus que 3 séances par semaine, afin que les Commissions puissent préparer les textes à amender, à soumettre aux votes sans plus, et ainsi finirait quand même le concile, pour de bon, vers le 20 novembre.

[P.S.] Merci au Père Parein de la grande enveloppe.

Ce jour à 13h dîner à la Curie (jeûne pour moi). Je serai prudent.

• Lettre n°34 (Rome, 12 octobre 1964)

Cher Père van Wing.

Au revers vous lirez le genre de propagande acharnée contre les votes du ***De Ecclesia*** (espoir que finalement le pape adoucira la doctrine formulée ! Ils y perdent leur salive). On dirait qu'ils en veulent aussi au schéma XIII ***De Ecclesia in mundo huius tempores***. En tous les cas ils ont fait remettre le débat qui devait commencer demain sur ce XIII. Les exposés souvent très flous sur le ***Laïcs*** ont été arrêtés ce midi par le Président. Demain un laïc parlera au nom de tous. Voilà ce que c'est que de vouloir se passer des intéressés dans la rédaction du schéma qui les regarde.

On verra quoi pour celui ***Des Prêtres*** ; il est vrai que beaucoup ici ont été interrogés et que les prêtres sont mieux connus que les laïcs !

Les murs du quartier sont marqués de grandes affiches en Italie : « cours de Russe » le soir en ville, et bourse d'études pour aller en Russie. Les bonnes Sœurs n'y avaient rien compris, attendu leur « modestie des yeux ». Elles n'en croient pas leurs yeux ! Sous le nez du Vatican!

J'ai prié pour Mr Hemelryck. C'est une perte pour le pays, l'Europe et le PSC. R.I.P.

Merci au Père Provincial de son aéro que je n'avais pas reçu quand je l'ai rencontré en ville près de la Curie. Le Père Vicaire m'a dit que le Père Vol Brempt devait changer d'air, aller en Belgique et revenir, car son aide lui est indispensable pour un temps.

4. SESSION IV (1965)

• Lettre n°35 (Rome, 22 septembre 1965. 18h)

Cher Père Van Wing.

La Croix de ce jour n'est pas arrivée, mais je vous envoie en imprimés des extraits intéressants.

Ce matin, après avoir entendu déjà 61 orateurs [40 encore demandaient la parole], les modérateurs ont fait voter l'arrêt de ce déluge par assis et levés ; puis par vote électronique n°293 (sur 2.222 présents, 1.997 votèrent *placet*) ils firent admettre le schéma comme texte de base sujet à modifications mineures ; et viendra ensuite le vote final.

Il y a 250 Pères environ, incapables de sortir de leurs catégories kantiennes. Au point de parler à côté de la question (pour beaucoup) et (pour quelques-uns) de vouloir risquer la formidable réaction mondiale que provoquerait Vatican II en refusant la liberté dont il s'agit.

On a donc commencé le XIII et déjà s'annoncent de longs discours à pouf ! On s'aperçoit que le texte du XIII est quasi impossible à exprimer en langue morte. Ceux qui n'ont que le texte latin sont excusables. Les textes en 4 ou 5 langues vivantes sortiront, je crois, cette nuit. Il y aura quand même du grabuge. Espérons qu'à la barre on sera ferme comme aujourd'hui. Tout de suite on sait ainsi ce que pense la grande majorité. Torturer un texte pour avoir une quasi-unanimité paie mal. Mauvais système. (...)

Priez pour nous.

P.S. : Le Sénat de l'Eglise existe en soi, international et super curial.

• Lettre n°36 (Rome, Dimanche, 26 septembre 1965)

Cher Père Van Wing.

J'attends Mgr Mbali qui vient dîner avec moi ce midi. Dans l'après-midi je donnerai un aperçu en P.S.

Bien reçu votre lettre du 22 courant. Je suis très content de pouvoir envoyer aux Frères à Kinzambi les coupures de *La Croix :* ils me demandent une chronique, ce qui est délicat.

Je prie pour les Pères Devred et Uyttenbroeck, de grand cœur.

Merci au Père Parein, dont j'ai reçu le premier envoi, et bonjour cordial à lui.

Les évêques du Congo, vus jusqu'ici, ne m'ont pas appris du neuf. Je vous envoie ce jour un article du *Monde* qui, s'il est objectif, donne à penser.

Hier dîner cordial chez Scagnetti, avec Mgrs Lefebvre, Nkongolo et Nzundu. Dans la semaine, Scagnetti m'a ausculté ; je faisais 17,5 de tension; ce qui est la première fois. Mais cela va mieux : fatigue des débuts de la session, climat, régime, etc.

Il pleut ce matin. Depuis le 11 il faisait beau temps, qui n'empêchait pas les rhumatismes. On boit toujours de l'eau minérale, celle de la ville étant surchlorée, tellement les édiles ont la frousse (ce qui se comprend).

Ce matin, je recevais déposée (non postée) une lettre signée Lefebvre (Saint-Esprit), Carli, et un troisième, inconnu, au nom du *Coetus Internationalis Patrum*[48], demandant ma collaboration pour le bien du concile. Je ne répondrai pas.

Tout ce que j'apprends va dans le même sens : Cardinal Secrétaire d'Etat et d'autres font au Saint-Père la vie très dure, au point que de temps en temps il fléchit un peu physiquement et moralement.

Mgr Mbali me téléphone à l'instant pour demander si Mgr Malula peut accompagner. Comme la Mère Supérieure dit « oui », je fais de même. Mais je me demande si Malula n'est pas l'œil et l'oreille d'un autre *coetus :* on ne s'invite pas comme ça, voyons ! Bon, on

---

[48] Voir cette organisation dans les annexes du livre.

sera prudent comme 1.000 serpents et naïf comme une colombe. J'aurais préféré Mbali seul.

J'ai parlé hier avec le prieur de Taïzé. Quel homme délicat ! Il m'a dit que la Sainte Vierge est aimée à Taïzé ; mais que si le concile devait se clôturer le 8 décembre, bien des Protestants seraient peinés. Je l'ai dit à S.E. Suenens. Il a eu l'air surpris ; mais on ne me la fait pas ! « On a commencé le 8 septembre 1962, me dit-il ; pourquoi ne pas terminer sous l'égide mariale ? ». « Mais si cela peine les Orthodoxes et les Protestants, Eminence ? ». « Croyez-vous ? D'ailleurs, termina-t-il, je doute qu'on en finisse à cette date ». Ce qui réglera l'affaire, sans doute !

La minorité conciliaire sait qu'elle a derrière elle la grande majorité des catholiques du monde, routiniers, irréfléchis, n'aimant guère les changements. Mais elle oublie, cette minorité, que les foules sont instables ; ce que n'oublie pas la majorité conciliaire. En fait, le Saint-Esprit conduit le concile, *per dura et aspera*, mais il conduit ! L'effarante unanimité du vote sur la liberté religieuse a dérouté la minorité. Cette dernière n'ignore pas que les 224 « non » comportent des refus parce que le texte ne va pas assez fort. Donc on approche d'une majorité de « oui » presque unanime.

J'ai admiré la patience de Mgr de Bruges. Il est certain que la majorité surveille les retouches du texte et ne laissera pas traîner les affaires comme en 1964. N'importe que la visite du pape à l'ONU a hâté le vote qu'on voulait **remettre** aux calendes grecques. Maintenant reculer sera plus difficile.

Le **<u>XIII</u>.** Beaucoup d'évêques semblent n'avoir pas compris que ce texte offre aux hommes instruits du monde entier, l'aggiornamento de leur credo conscient ; qu'il les fait passer du catéchisme de leur adolescence à une théologie d'homme mûr laïc, quel que soit son haut degré de culture et de science. Ce texte pourrait ramener à la foi et à la pratique pas mal d'hommes influents dans le monde.

Aussi faut-il lutter pour que le texte français -l'original[49] - soit officiel. Des évêques allemands et anglais disent que leur texte ne « dit » pas les choses comme les « dit » le français : parce que les choses ont été pensées en français par des hommes qui unissaient leurs « savoirs » divers sur un terrain français.

Il faut lutter aussi pour que le texte ne devienne ni Denzinger, ni revue théologique, ni droit canon : qu'il reste un langage assimilable pour les gens instruits d'aujourd'hui et de demain ; qu'il soit la base d'un catéchisme de Vatican II, comme il y eut un catéchisme de Trente.

On vote les textes sur l'***Apostolat des laïcs*** ; il y aura pas mal de *modi.* Je plains les commissions. Dans la soirée, j'ajouterai un feuillet sur ce que j'aurai appris de mes deux commensaux de ce midi.

Valeas.

Oremus.

P.S. :

Mgr Mbali :

Impossible de deviner pourquoi Malula était avec lui. Quand Mgr Mbali, après le dîner, est allé chez les Sœurs, j'ai en vain essayé de retenir dans ma chambre Mgr Malula. Mais ce dernier avait bien l'air que je lui suppose : œil et oreille de (?).

• Lettre n°37 (Rome, 2 octobre 1965)

Cher Père Van Wing.

Merci au Père Parein de son second envoi. Salut à lui. Dites au Père Provincial, avec mon bonjour, ou au Père Socius ce qui concerne l'abbé de Calais.

[49] Guffens notait : « C'est Mgr Philips, votre compatriote, qui avait revu le texte latin. Mais les latinistes patentés de la Curie romaine ont trouvé ce latin, barbare ; mais leur latin est (...) ».

Concile.

Les journaux sont assez clairs. Je ne dois rien y ajouter. Je vais encore poster un petit tas d'extraits. Ça barde ! Je crois qu'on avance. En tout cas Rome sera obligé de « ré-étudier » le passage de l'Evangile : *nisi in casu adulterii.* Ce que le Christ a dit est intouchable. Mais qu'a-t-il dit en fait ? L'attitude des Orientaux d'avant l'an 900, jamais blâmée par Rome ! Pour nous, Occidentaux catholiques, tout est clair : « Voir ce que dit l'Eglise ». Mais on disait il y a trois ans seulement : « l'Eglise dit que... » (et il s'agissait du Cardinal x, de l'évêque z, avec ou sans supporters ; on faisait tout endosser par le Saint-Père !). *Wait and see !*

Vale.

• Lettre n°38 (Rome, 5 octobre 1965)

Cher Père Van Wing.

Entré à Saint-Pierre ce matin à 8h30, j'en suis sorti à 13H30, et parmi les premiers ; un coup de chance, la voiture des Sœurs était en tête de ligne. J'ai pu suivre avec mon appareil branché sur Monte Carlo, les trois discours hier soir (20h20 ici) à l'ONU.

Le discours du Saint-Père atteignait quasi la perfection et son débit était très honorable. Ce matin, parmi les évêques je n'ai entendu que de très vives louanges. « Cela me console de bien des choses », disait le Père de Lubac. « Cela », c'était le discours du pape ; il sera presque certainement inséré dans les *Acta* de Vatican II.

Le pape fut reçu vers 12h40 à Saint-Pierre par tous les Pères et le Corps diplomatique. Un Saint-Pierre aux lumières des très grands jours ! Le président aurait pu, avant la bénédiction donnée par le pape, se contenter de l'anglais : non, il y a fallu, en plus, les trois Gloria Patri et la prière à l'ange gardien. Aussi ce fut une fuite éperdue dans tous les sens.

On tire à la fin de la discussion sur le XIII. Personne n'a osé l'attaquer de front. On donne des coups de dents, on mordille ici et là. C'est assez lamentable. Et ce doit être pénible pour les rédacteurs-auteurs. Cela me rappelle des consultes conjointes : vicariat et mission SJ, grossies de consulteurs extra. On ne savait plus de quoi il s'agissait finalement. *Parola, parola, parola !* Dès le premier jour de la discussion, un vote de principe qui eût été écrasant pour, eût permis aux modérateurs de n'accepter que des retouches minimes. Espérons que le Saint-Esprit (avec **la supérieure** + Jean XXIII) mettra de l'ordre dans ce fatras.

Avant la fin de la semaine, je crois, on entamera le ***De Missionibus***. Ce dernier n'ira pas tout seul non plus !

Orémus. Vale.

Bonjour et merci au Père Parein pour l'enveloppe 3ème. Quid du Congo ? Quid?

• Lettre n°39 (Rome, 10 octobre 1965)

Cher Père Van Wing.

Je joins à ce pli ce qui m'a paru devoir vous intéresser dans les derniers journaux reçus : coupures ne répétant pas ce que vous lisez dans *La Croix.* A cause du poids, je fais partir le pli par courrier ordinaire.

Les interventions m'ont confirmé dans mes impressions précédentes. Il eût été adroit de procéder d'abord à un vote de principe qui eût été affirmatif et n'eût pas permis à certains de tenter la suppression pure et simple du schéma, d'une part et, d'autre part, de donner l'impression qu'on pataugeait dans le vague. Il y eut de bonnes interventions qui eussent donné lieu à des retouches sans briser le vase. En fait, Mgr Garrone, rapporteur principal, a terminé le sujet en disant l'équivalent de mon souhait, mais enchâssé dans l'ouate et la soie.

La régulation des naissances : cf. le pape qui s'est réservé le sujet. Qui a compris un des derniers orateurs, évêque en Inde, a dû réfléchir : la loi est faite pour l'homme, et non l'inverse. Ce qui est douteux n'oblige pas, surtout quand il s'agit d'une surpopulation effarante. L'évêque de Monaco, avec un coup de griffe aux modérateurs qui en interrompant la discussion-déluge, lui avaient coupé indirectement le sifflet, a ouvert une porte et des fenêtres par où passeront peut-être des mouvements d'immigration en Afrique centrale, depuis une Asie gonflée à bloc. Ces Messieurs de Léo et d'ailleurs comprendront-ils ? Il serait temps de travailler avec sagesse et d'oublier les querelles du passé : que tout au moins cette immigration ne soit pas analogue à celle que dut subir l'Amérique du Nord plus encore que du Sud ! *Faxit Deus !*

Si vis pacem, para bellum ! Aurais-je pensé, collégien de 4ème latine il y a 52 ans, que j'entendrais un jour tant de discours pour et contre, prononcés au concile ? Echappera-t-on au système de la thèse et de l'hypothèse ? Condamner la guerre, oui ! Structurer une force de police internationale très puissante, oui ! Supprimer les armements *hic et nunc,* ici et là ; mais pas ailleurs parce qu'on ne voudra pas le faire ? Comment tournera-t-on la formule ? C'est ce que nous saurons sans doute au mois de novembre. Il est clair que Verdun ne connut que « l'armement conventionnel » : avec 1.300.000 morts ! N'importe que les évêques de France n'aient guère aimé la rhétorique de leur collègue de Verdun : ton et fond !

Si on me donne la parole, ce sera demain ou mardi. Si on ne me la donne pas, c'est encore bien : quinze évêques noirs l'ont signée, ma déclaration : du Congo, du Rwanda et du Burundi. J'ai simplement donné les feuilles à Mgr Kimbondo. Je n'irai pas, comme l'évêque de Monaco, demander 70 signatures. Celles que j'ai prouvent simplement que les pensées exprimées sont approuvées par les évêques indigènes.

Bonjour à tous.

• **Lettre n°40 (Ce mardi 12 octobre 1965)**

Cher Père Van Wing.

Ce matin vers l0h10 j'avais la parole au concile, après les cardinaux. C'est le bon moment : tout est encore calme et on écoute. Je n'étais nullement impressionné : la voix était calme, nette, claire. Je n'ai pas encore eu de réactions, et d'ailleurs peu m'importent les réactions. Le silence parfait montrait à lui seul que l'objectif était atteint.

A bientôt plus longuement.

A midi 15' le Cardinal Agagianian arrêtait le déluge sur le ***De Missionibus.***

• **Lettre n°41 (Rome, le 14 octobre 1965)**

Cher Père Van Wing.

J'ai reçu hier votre aimable lettre m'apportant les pénibles nouvelles concernant les Pères Denoël et Van de Casteele. Espérons qu'ils en sortiront, et je prie pour cela. Remerciez de ma part le Père Van Doorslaer de la gentillesse qu'il a eue en parlant de moi lors de son jubilé, comme il l'a fait sans aucune obligation de sa part.

Je puis maintenant vous faire le point sur ma modeste, mais assez « hors-série » intervention. Comme me l'a dit hier le Cardinal Suenens, c'est tombé à pic : le dernier jour où cela se pouvait faire (sans avoir 70 signatures d'évêques) et à la meilleure heure (où tout le monde est calme, attentif, à son fauteuil). Le Cardinal avait l'air content du « choc » de l'intervention, ce qui est dans ses cordes ! Mgr Lefebvre de Kikwit m'a dit : « *Très bien, félicitations, c'était sobre et percutant* ». Dans les environs de mon fauteuil où je suis à peu près seul « missionnaire » depuis que mon voisin de Chine est malade, on était souriant : « *Bien frappé ; mais diable pourquoi faut-il affirmer des choses aussi évidentes !* » (Voilà ce qu'on m'a dit). A la sortie, Mgr Malula, le tout premier, m'a remercié avec effusion : « *C'était magnifique* », a-t-il dit. Les autres : Nzundu, Nkongolo, Kimbondo, Mbali et consorts marquaient leur contentement : « *Enfin, on a dit publiquement ici que nous n'étions plus des gamins* »[50].

Pour les missionnaires-évêques européens du C.R.B., je n'ai enregistré aucun signe de mécontentement, hier et ce matin. J'avais surtout un peu peur de la presse. Je vous joins un extrait de l'*Osservatore* sur mon intervention (...). *Le Figaro* n'a rien dit, ni *Le Monde.* Reste *La Libre Belgique* que je n'ai pas encore. Quant à *La Croix,* vous l'avez.

J'ai dit ce matin au Père Wenger que pour écrire cela, il aurait mieux fait de ne rien dire du tout. Il n'a pas saisi **la portée du texte** : aller contre le courant qui tend à délaisser l'école ; faire appel à la jeunesse du Tiers Monde pour des milliers de frères et de sœurs de 1er ordre encadrant, avec les prêtres, les professeurs laïcs ; confiance de l'Homme à l'Homme, comme le fit Dieu, comme le fit le Christ, pour l'Homme. II proposait de revenir sur le sujet (le père Wenger) ; j'ai dit non. Il a été un peu « paf » quand je lui eus dit que tous les évêques noirs de l'ex-Afrique belge avaient signé mon intervention après l'avoir suggérée (certains d'entre eux) depuis deux ans, et aussi que j'avais plus de 30 ans d'Afrique !

De mon discours à Saint-Pierre qui avait eu lieu la veille sous sa présidence, le Cardinal [Agagianan] n'a soufflé mot. Comme le Secrétaire du concile avait mon texte (polycopie du manuscrit) depuis le 15 septembre, je suis à l'aise : si on n'était pas d'accord, on n'avait qu'à le dire à temps. C'est peut-être un tout petit « coup de surprise du Saint-Esprit » : qui sait ?

On attribue une nouvelle devise au Cardinal Tisserant : « *Reponatur Evangelicum* » (c'est ce qu'il dit chaque jour à la fin de la séance).

Celle qu'on donne au Secrétaire Général Felici est encore plus rosse : « *Exeat Sanctus Spiritus* » (il dit au

---

[50] Ce disant, ils s'élevaient en filigrane contre la colonisation dont l'idéologie était fondée sur des postulats du genre : « *Les indigènes sont de grands enfants* ».

début des séances : *Exeant omnes* : ceux qui ne peuvent assister aux débats).

Il y a évidemment quelque tension au concile : question des ***Juifs,*** qu'on vote point par point ; question des prêtres mariés pour sauver par exemple l'Amérique du Sud ; liberté religieuse et révélation dont on n'aura sans doute pas les textes définitifs avant 10 ou 12 jours.

Satis pour aujourd'hui.

Vale.

Oremus.

• Lettre n°42 (Dimanche, 17 octobre 1965)

Cher Père Van Wing.

Cette semaine sans séance vient à point.

Il est évident que le concile met tous les gaz et qu'on en finira, ce que tout le monde demande. Je plains les membres des commissions.

On sait que Mgr Roberts SJ, qui céda son diocèse au Cardinal Gracias, n'est pas tendre. Est-ce une raison pour lui refuser la parole par tous les moyens invisibles, alors qu'on vit en un temps où l'on rend la parole à un professeur de théologie de l'Université de Louvain qui se l'est vu enlever en 1941 ou 42, et à tant d'autres ; alors que les Carli, Franic et Rufini ont la parole à toute occasion.

L'opposition reste très forte au concile. Pape et Synode épiscopal (qui semble devoir se réunir déjà avant la fin de cette session IV), ainsi que les Commissions postconciliaires auront la tâche très difficile. Et toutes ces résistances se font évidemment *in nomine Domini.* Elles semblent provoquer chez certains progressistes, un peu d'excès parfois : c'est assez compréhensible.

En union de SS. SS. *Vale.*

• Lettre n°43 (Rome, 20 octobre 1965)

Cher Père van Wing.

Mgr Lefebvre avec Mgr Bouckaert sont partis pour

Assise jusqu'à demain soir. Je reste chez moi. Il y a huit jours un petit abcès s'est produit autour d'une fameuse incisive supérieure droite. Jeudi et vendredi furent pénibles. Samedi et dimanche je suis resté chez moi. Lundi (18) Scagnetti me conduisait à 12h30 chez un ami dentiste (mieux outillé que Joachin et plus calme). Une radio révéla que la dent plombée se mourait. La mâchoire n'était pas atteinte. L'homme de l'art (en français) me dit qu'on ne pouvait enlever la dent avant un mois, à cause de l'infection ; puis il faudrait un mois pour modifier la prothèse. Il me proposa donc de commencer tout de suite un traitement antibiotique pour juguler l'infection (8 gélules de Tétralysal : 1 toutes les 6 heures, même la nuit). C'est fait. Le reste sera pour Joachin. Evidemment je suis dérangé par le produit. C'est supportable. Et ce sont « les vacances » ! Heureusement que cela n'est pas arrivé au moment où je devais parler au concile.

Vraiment, sans vouloir rien exagérer, les coïncidences sont remarquables : le mardi 12 était le dernier jour où j'étais en forme, le dernier où l'on pouvait parler des missions sans avoir 70 signatures épiscopales ; l'heure était la meilleure ; le Président Agagianian était censé savoir que je ne dirais rien contre la foi et les mœurs pour me donner la parole, qu'il ne pouvait dès lors me retirer puisque je n'atteignais pas les 10', que je ne répétais pas des propos déjà tenues, que j'étais au cœur du sujet à l'ordre du jour. Peu m'importe que la presse la meilleure n'ait pas saisi, ou pas voulu relater les « paroles-choc » de mon intervention. Tout le monde était à sa place et attentif ; l'acoustique excellente, ma voix ferme et incisive.

Il est impossible que restent sans effet devant pareil auditoire, l'appel à la confiance due à l'Homme par l'Homme ; le rappel de la capitale valeur de l'école en apostolat ; l'appel à la jeunesse du Tiers Monde pour les vocations par milliers de Frères et de Sœurs enseignants dûment diplômés et valorisés au point de vue spirituel ; l'acceptation au nom du Tiers Monde du schéma XIII.

Je lis le rapport du Colloque de Venise sur Theilhard de Chardin. C'est vraiment une révolution de la pensée philosophique thomiste au nom d'Aristote lui-même sur « matière et forme = 2 aspects d'une réalité unique », aboutissant à une socialisation chrétienne du monde. Mais ce n'est pas facile à comprendre. Il faut cependant comprendre pour atteindre l'union que voulait Jean XXIII, que veut Paul VI et que veut Vatican II. C'est tout dire : Dieu a toujours voulu cette union depuis l'éternité et la voudra éternellement, et il la réalisera en fin de compte. Il appartient aux communautés humaines de ne pas mettre trop de bâtons dans les roues.

Je vous enverrai le petit livre. Heureusement que Jean XXIII a refusé de blâmer Theillard à cause d'inexactitudes sans portée grave et surtout d'inachèvement dont le pauvre Père n'est certes pas le responsable ! D'autres achèvent et achèveront de déployer la vision, ancienne et nouvelle à la fois, de l'œuvre divine à laquelle l'homme est associé.

Pratiquement donc Vatican II est fait. Il reste des lectures de textes à faire en séance, suivis de votes. Si on ne fait pas de l'obstruction (inutile, sinon à prolonger la 4ème session), tout peut se terminer en fin novembre, début de décembre. *Faxit deus !*

Oremus ! Bonjour aux amis.

Je ne sais si je vous ai dit que j'ai parlé avec le lieutenant de Mgr Aténégoras : l'Orthodoxie, m'a-t-il dit, a vu que pape et évêques en large majorité sont valables pour le dialogue terminal précédant l'union.

• Lettre n°44 (le 13 novembre 1965)

Cher Père Van Wing.

Je vous ai envoyé quelques coupures. Mais il pleuvait à torrents. J'ai confié le pli à un laïc de passage, lui demandant de le poster. L'aura-t-il fait? *Nescio.* Ci-inclus vous trouverez un extrait du *Monde* tout récent, qui vous intéressera.

J'ai entendu annoncer à la radio de Monaco que le pape avait invité le président Kasavubu à la clôture du 8 décembre, et que le gros Joseph avait accepté.

Il y a quelques jours, dès que le pape eût fait annoncer la clôture, je me suis précipité à Sabena, avec fruit ; si rien d'imprévu n'arrive, je serai à Bruxelles le 8 décembre vers 19 heures. D'autres Belges ont été heureux de trouver place sur un Sabena provenant du Congo, le 9 décembre à 5 (cinq) heures du matin. Pareil exploit me donnerait à penser, étant donné le couvent qui me loge.

Ce pli-ci, je le posterai moi-même à Saint-Pierre lundi avant la séance (c'est aujourd'hui samedi). En effet, la Mère Générale de Cunéo rentre ce soir du Congo, vers 21h30. Elle a invité Mgr Kimbondo à partager mon repas demain dimanche à midi. Je l'aurai vue. Je verrai à l'aise Mgr Kimbondo. Et à 17h demain, Mgr Hoenen de Kenge. J'aurai donc - peut-être - un P.S. à ajouter au présent texte.

Mardi dernier au soir 18h30, le pape recevait les évêques francophones de l'Afrique entière. Nous étions, avec le Cameroun, dans un salon. Les autres se trouvaient plus ou moins groupés par affinités dans d'autres salons. Puis tous se réunirent dans un grand studio ; on était assis, le pape a parlé d'une voix très lasse, rien dit de spécial : un pater, un ave, une bénédiction. Ce fut fini. En entrant dans le salon où nous étions avec les Camerounais, le pape a dit : « *Mes frères, remettez tous vos calottes sur la tête, ni génuflexion, ni baiser d'anneau* ». Il l'a répété deux fois. Le hasard fit que je me trouvais près d'évêques noirs jeunes et blancs jeunes. Si bien que j'attirai l'attention du Saint-Père : « Où êtes-vous, Mgr ? Vous avez un successeur ? ». Je le montrai à quelques mètres plus loin, et on a ri !

Il y avait deux ans que je n'avais plus parlé à Paul VI. Il a beaucoup vieilli. Sa voix est cassée. Sa soutane de laine est usée ; ses pantoufles rouges sont aussi écrasées que lui-même.

Mardi dernier on nous remettait le texte définitif sur les **Missions** : 84 pages de latin ! Mercredi et jeudi, les votes sur ce décret, à toute vitesse. Jeudi le Cardinal de la Propagande présidait et voulait en finir, nerveusement. Notre assignataire ne savait pas suivre à donner les bulletins, à les reprendre, à les reporter, à en donner d'autres. Un jeune évêque de notre travée a dû l'aider. J'ai toujours pu suivre. Mais jeudi je n'y étais plus : de quel point s'agissait-il ? Ni mon voisin, ni l'assignataire ne le savaient. Comment s'étonner qu'il y ait eu jusqu'à 700 *iuxta modum* sur le texte qui prévoyait la voix délibérative (dans l'ancien texte) pour les « consulteurs-pasteurs » de la Propagande ? Consulteurs-pasteurs désignés chaque fois en partie par le pape, en partie par les conférences épiscopales. Il faut faire vite. D'accord. Mais alors pourquoi tolérer des messes orientales de plus de 5 quarts d'heures ?

Aussi ai-je remis au Supérieur Général des SVD, Secrétaire-rapporteur de la Commission, non seulement le texte que j'ai lu en séance le 12 octobre, mais des commentaires. Au Secrétariat j'ai remis deux *modi* (venant de Mgr Sevrin appuyé par deux ou trois cardinaux), plus une lettre demandant avec insistance que le texte fasse allusion au schéma XIII comme il fait allusion aux schémas sur la ***formation sacerdotale*** et le ***ministère***. J'écrivis : « *A quel prix les pays riches vendent-ils leurs propres produits aux pays pauvres ?* ». Je ne demande pas que cela soit dit dans le texte sur les ***Missions*** ; mais que ce texte fasse une référence générale au schéma XIII qui, lui, traite de la question sans ménagements et avec précision.

J'oubliais de vous dire que dans les appartements pontificaux que je n'avais plus vus depuis deux ans, tout ce qui est « œuvre d'art » est resté, tandis que tout ce qui ne l'était pas, comme les dorures, les tentures et les soieries couvrant les murs, a disparu. C'est discret, moderne, clair ; de ci de là une plante. C'est très bien.

J'oubliais encore de vous dire que le nouveau texte sur les ***Missions*** donne à l'évêque, sans nuances suffisantes, toute autorité, même sur les exempts, pour ce qui n'est pas d'ordre interne religieux. Cela aussi explique les 700 *modi.*

Il semble que le pape ait voulu que soit exposée en *aula* l'affaire des **indulgences**. Le texte préparé par la Pénitencerie n'était pas une « mise à jour ». C'est ainsi que les Cardinaux Maximos et Lercaro ont pu trancher dans le vif, aux applaudissements des observateurs et de bien des évêques ; ils ont parlé théologie plus que discipline.

Quelques présidents de conférences épiscopales ont parlé avec moins de bonheur. Aussi s'est-on empressé d'annoncer le retrait du texte que la Pénitencerie nous avait livré ; mais aussi que les autres discours de présidents devaient être remis simplement au Secrétariat, sans lecture publique.

Dimanche 14 : La Mère Générale de Cunéo ne m'a rien appris de neuf; elle semble surtout préoccupée d'avoir des novices congolaises et de transférer à Kimwenza l'école des sourds-muets (ce qui est bien). J'ai insisté sur les études poussées des Sœurs noires, ce que l'Assistante de la Générale a mieux compris que celle-ci : voici 13 ans qu'elles sont au Kwilu. Les Sœurs vont retourner à Yalingimba (infirmières seulement). Lovanium s'intéresserait médicalement à l'école des sourds-muets : chose excellente.

Oremus.

Mgr Hoenen ne m'a rien appris de neuf. On recommencera les séances à 9h (au lieu de 9h30). On vote.

• Lettre n°45 (Rome, 21 novembre 1965)

Cher Père Van Wing.

Bien merci de votre lettre du 18 reçue hier soir. Je prie pour les malades de la PAC (Province d'Afrique Centrale), parmi lesquels le Frère Antoine Kasay et deux autres qu'on traite à Lovanium. Ennuyeux pour les novices de Kinzambi, mais le Frère Alphonse est là heureusement. Congo et Burundi nous inquiètent. Attendons et voyons.

Je crois vous avoir écrit pourquoi le Chapitre V du ***De Missionibus*** était retourné en Commission. Cette fois-ci, plus de délai ! A moins que le pape n'intervienne personnellement, la Propagande devra accepter la volonté de la majorité : le Conseil d'Evêques, Supérieurs et *Periti* sera composé du nombre d'unités fixé par le pape, mais ces unités seront élues par les conférences épiscopales et par les conférences des Supérieurs religieux. Ces élus auront voix délibérative et seront convoqués régulièrement.

La liberté religieuse a donc passé le cap. Les opposants se sont acharnés. Ce sont les mêmes, à peu près, qui veulent un décret de réprobation du communisme (ils ne l'auront pas !). Mais cette fois-ci le combat est serré.

Pour le XIII, les Commissions devront se rallier : il n'y a plus moyen de filer à l'anglaise, car il ne reste que 4 séances non publiques, et donc très peu de temps.

Sur ce je vous laisse.

Oremus. Cordialement.

• Lettre n°46 (Rome, le 29 novembre 1965)

Cette missive sera probablement la dernière, tant les coupures que les billets rédigés par votre serviteur. Si des coupures intéressantes se présentent, je les apporterai moi-même.

Le schéma des ***Missions,*** dernier projet, est meilleur que les deux premiers. L'allusion à la fraternisation est trop brève : *cor unum et anima una,* mais elle y est. L'allusion à l'école est toute « discrète », mais enfin elle y est. Le Synode de la Propagande aura voix « délibérative » ou « décisive »; les membres seront présentés par les conférences épiscopales. On sent les réticences obstinées. Demain on verra ça. Le Père Masson m'a dit qu'on ne pouvait pas obtenir mieux. Quel impérialisme !

Le cardinal Suenens convoque au Collège Belge jeudi à 16h30 tous les évêques belges. Est-ce pour se dire bonjour ? Peut-être ! Ce n'est pas certain. Il y a le schéma XIII à voter aussi, qui rencontrera des résistances de dernière heure. En tous cas le schéma des ***Missions*** ne fait aucune allusion au schéma XIII, et c'est regrettable. On a fait ce qu'on pouvait sans être insolent.

Toutes ces résistances ne sont plus de la « prudence », mais de l'aveuglement et, qui sait, de la passion chez tel ou tel.

A bientôt, cher Père Van Wing.

Epilogue :
UN CONCILE ENTRE *AULA*, COULISSES ET SAINT-ESPRIT

« *Le pape commence le concile, le diable le mène et le Saint-Esprit le termine à sa manière* ».

Telle est la belle formule avec laquelle Guffens qualifiait la marche de Vatican II[51]. Elle est, à elle seule, un épilogue à ce livre dont une question ultime serait celle de savoir à quoi aura servi le concile.

Cette question est importante car, à lire ces lettres, on a de prime abord une impression de gaspillage d'énergie, de temps et des moyens, à cause d'un double travail qui avait tendance à s'annihiler.

D'une part il y avait le **travail de jour** réalisé pendant les congrégations générales. Certes l'on y eut droit à quelques véritables interventions, vigoureuses sorties qui surent faire le distinguo entre l'essentiel et l'accessoire, et hiérarchiser les valeurs comme savaient le faire ceux qui avaient une bonne formation scolastique. Mais on assista surtout à des bavardages rimant d'abord avec une certaine superficialité : sottes remarques, répétitions, manque de concision et de précision au point de vue sens des interventions, paroles sans rien dire, hors sujet, avis stupides ou condamnés d'avance au panier.

Guffens en était si ahuri qu'il se résolut à écrire :
« *En fait on patauge dans le* De Ecclesia. *Les grands ténors se taisent et les bavards bavardent. Aujourd'hui le Cardinal Lercaro en a arrêté un après 10 minutes de*

---

[51] GUFFENS Joseph, *Lettre au P. Van Wing*, 28 novembre 1962 (Voir lettre n°9).

bavardage. La Croix *camoufle bien les bavardages.* L'Osservatore *ne donne que les noms des orateurs. On serait honteux d'étaler cette poussière devant les auditeurs laïcs et les observateurs non catholiques. Quelle confusion dans les termes ! Et dans les idées !* »[52].

« Bavardages » rimait aussi, en surface, avec le temps énorme passé par les pères conciliaires à fumer malgré l'interdiction des panneaux, boire, manger et rêver dans l'espace prisé de la « buvette », à dire leur bréviaire dans la nef et dans les chapelles latérales pendant les séances, à parler, etc. L'on assista à un manque criant de discipline de la part de ces princes de l'église à qui la présidence n'osait pas demander plus que d'être à leur place pour les votes.

D'autre part, il y avait tout un **travail de nuit** qui prenait des formes diverses : attitudes, tracts, avis (même signés), lettres, feuillets stencilés, brochures, etc. Autant d'artefacts destinés à refléter, et donc à défendre comme indiscutable, la pensée des auteurs sur tel ou tel sujet. En tous les cas, ils permettaient d'exprimer parfois très nettement des tendances.

Ce travail « de nuit » était donc un travail des coulisses. On assista à des tractations, pourquoi pas des escarmouches, « chez » le pape où s'y investirent le Saint-Office et d'autres dicastères, et dans les curies religieuses (SJ, SVD, etc.), ainsi qu'à une intense propagande dans les résidences épiscopales des pères conciliaires autour de tel ou tel dossier, surtout ceux explosifs comme les Juifs, la liberté religieuse, la révélation, la réprobation du communisme, les prêtres mariés, etc.

Ainsi, pour exemple, les pères conciliaires attendirent en vain les quatre questions annoncées le 15 octobre 1963. L'on pense qu'au regard de la trop grande brutalité avec laquelle se manifestèrent les deux tendances profondes en 1962, des conciliabules serrés et des manœuvres durent

[52] Id., *Lettre au P. Van Wing,* 17 octobre 1963 (Voir lettre n°15). Et d'ajouter : « Noirs, Jaunes, Bruns : en pensent quoi ? ».

forcément avoir lieu. Celles-ci rendirent les accusations, pourtant plus profondes en 1963, plus discrètes[53].

Ce travail de l'ombre aboutit notamment à la création du *Coetus Internationalis Patrum* dont un des plus grands représentants fut Mgr Marcel Lefebvre qui, finalement, fera sécession à Ecône. Pour le *coetus,* les évêques acquis au changement étaient des progressistes à qui il fallait résister à tout prix au nom du Seigneur.

Tout cela faisait se demander certains si l'église savait ce qu'elle voulait, ce qu'elle était et ce qu'elle enseignait. Certains répliquaient que c'est à travers ces bavardages que se dessinaient malgré tout des courants. Et avec les yeux de la foi, ils affirmaient en leur for intérieur, avec Guffens : « *Heureusement, comme en aula, le Saint-Esprit veille* » ; il finit par mettre de l'ordre dans ce grand fatras fait de bavardages, de tension et de jeu des coulisses.

La question est de savoir comment ce Saint-Esprit agissait. La réponse était simple : en inspirant aux organisateurs, aux modérateurs et surtout à assez de pères, des **vues larges et même audacieuses**, dans la prudence.

Celles-ci ont permis à ce concile si onéreux et fatigant, de faire plus que mettre saint Joseph au canon de la messe ou introduire les langues modernes dans une petite partie du missel et du rituel. Elles ont aussi réussi à balayer l'idée profonde des Latins du Sud, à laquelle adhérèrent des évêques de la périphérie au nom du caractère dangereux des changements, consistant à dire que les conférences épiscopales de la périphérie finiront par éclipser l'italianité *stricto et lato sensu* alors prépondérante depuis des siècles. Elles ont aussi réussi à asseoir l'idée de la modernisation du gouvernement de l'église à travers l'internationalisation de la curie comme un conseil d'administration avec le

[53] Ces questions avaient trait au diaconat *uxoratus* et *non uxoratus,* à l'épiscopat sacrement, à la collégialité en et hors concile. In fine, ce qui était enjeu, c'était le rôle du Pape, de l'Evêque, des Conférences, de la Curie. Sujet hautement sensible !

« pape » comme un comité permanent de l'épiscopat mondial.

De façon pratique, il s'est agi pour ce concile, d'amener l'église à se convaincre que la loi est faite pour l'homme, et non l'inverse. A posteriori, on peut constater que si, en 1965, la régulation des naissances était « *un péché qui criait vengeance au ciel* » (dixit le catéchisme) car consistant à tuer un homme avec préméditation et poussa le pape à se réserver le sujet, elle a fini par être banalisée et sans doute aussi dépénalisée.

Il en est de même de l'homosexualité, cet autre « *péché qui criait vengeance au ciel* » car consistant à faire l'adultère contre-nature. Elle est désormais banalisée à travers le « mariage pour tous » au nom des droits de l'homme, dans un Occident usant de son pouvoir mondial pour l'imposer à l'Afrique et à l'Orthodoxie qui l'ont en horreur au nom de l'immoralité et de sa contre-valeur humaine. Et cela, même si, dans l'avion qui le ramenait des J.M.J./Journées Mondiales de la Jeunesse organisées à Rio de Janeiro en fin 2013, le pape François en parla à la Ponce Pilate : « *Qui suis-je pour les condamner ?* ».

Finalement donc, la question qui demeure est celle de savoir si ces vues larges et audacieuses qui ont réussi à baliser le temps de Vatican II, ont été inspirées pour le 21ème siècle aussi et les siècles suivants. Et donc : « A quand le prochain concile ? ». Surtout pour l'Afrique qui resta bien silencieuse à Vatican II : « *Aucun évêque congolais, rwandais, murundi n'a parlé : ils ont peur* »[54].

L'Afrique doit donc de plus en plus faire entendre sa voix pour que l'***aggiornamento du credo conscient*** fondé sur une théologie d'homme mûr et non plus sur le catéchisme de l'enfance, soit aussi une réalité vivante pour l'actualité des hommes de ces siècles nouveaux, comme Vatican II l'offrit à ceux du 20ème siècle.

---

[54] GUFFENS Joseph, *Lettre au P. Van Wing, Rome*, 4 octobre 1963.

ANNEXES

1. Coetus Internationalis Patrum (Groupe international des pères)

Il consistait en un groupe de travail réunissant des participants au concile Vatican II, à l'issue des discussions de la première session (octobre - décembre 1962) sur les schemata présentés par les commissions préparatoires. Ce groupe de 250 participants était aidé par des théologiens renommés, dirigé par le français Mgr Marcel Lefebvre, alors supérieur général des Spiritains (Président), pensé par le brésilien Mgr Antonio de Castro-Mayer, évêque de Campos (Vice-Président), administré par le brésilien Mgr de Proença-Sigaud, archevêque de Diamantina (Secrétaire) et l'italien Mgr Carli, évêque de Segni (Rapporteur).

Il s'est formé en réaction contre l'orientation progressiste prise lors des discussions sur les travaux des commissions préparatoires et s'est caractérisé par sa doctrine conservatrice.

Parmi les nombreux sujets traités au concile, le groupe :

– s'intéressa particulièrement à la collégialité épiscopale, soucieux de ne pas la voir remettre en cause la primauté pontificale ;

– milita pour l'expression d'une condamnation explicite du communisme ;

– milita contre l'inversion des deux fins du mariage, traditionnellement la fin première étant dans les enfants et la fin secondaire dans l'amour conjugal ;

– travailla à modifier le projet de déclaration sur la liberté religieuse dans un sens plus traditionnel ;

– souhaita l'établissement d'un document spécifique sur la Vierge Marie et sa place dans l'église, et non pas seulement le chapitre 8 de *Lumen Gentium* ;

– souhaita la création d'un dogme proclamant Marie comme médiatrice de toute grâce et co-rédemptrice.

Le groupe ne fut entendu que sur la définition de la collégialité.

Roma, 6.X. 1964.

Eccellenza Rev.ma,

Un gruppo di Padri de diverse nazioni si riunisce ogni martedi alle ore 17, Via del Sant'Uffizio, 25, alla Curia Generalizia dell'Ordine di Sant'Agostino.

Scopo di tali adunanze è lo studio comune, con il concorso di teologi, degli Schemi sottomessi alla discussione dei Padri, nella luce délia dottrina tradizionale délia Chiesa, seconde Pinsegnamento dei Sommi Pontefici

Questi studi si fanno secondo lo spirito degli interventi fatti in Aula Conciliare dalle LL. EE, RR. Me i Signore Cardinali Ruffini, Siri, Santos, Browne ed altri. La prossima Conferenza sarà fatta da S.E. Rev. Ma il Cardinale Ernesto RUFFINI sul 13° Schéma : « De Ecclesia in mundo huius temporis », martedi, 13 Ottobre, nell'indirizzo e all'ora sopra indicati.

La presente umile lettera vorrebbe essere anche un invito a V. Ecc., che voglia onorare le nostre adunanze colla Sua ambita presenza.

Dev. mo nel Signore
Geraldo de Proença Sigaud
Arciv. Di Diamantina
(Brasile)
Segretario del Gruppo

Un rappresentante del Segretariato sarà a disposizione di chi lo desideri, per eventuali informazioni complementari, ogni lunedi, mercoledi, giovedie venerdi, Piazza del Sant'Uffizio, 6, dalle ore 17 a 18,30.

N.B. : Mgr de Proença-Sigaud était le Secrétaire du **Coetus Internationalis Patrum** (Groupe international des Pères).

2. Deux sons de cloche post-conciliaires : « progressistes contre conservateurs »

- **Le drame d'une moniale de Second-Ordre « Sœur Sourire » devenue la dominicaine du Tiers-Ordre « Luc Dominique ».**

II y a six ans, c'était l'année du jubilé d'argent de la mort de la dominicaine Sœur Luc-Gabriel, née Jeanne-Paule Marie (dite Jeanine) Deckers. Elle était plus connue sous le sobriquet de *Sœur Sourire* et pour son tube planétaire *Dominique,* numéro 1 du classement dans le Billboard Hot 100, le sacro-saint hit-parade américain, pendant la semaine du 7 décembre 1963. Ce hit de Sœur Sourire restera quatre semaines en tête du Billboard.

A cette occasion, je voulus dégager mon **affect** et rédigeai sur le site « jesuismort.com », une lettre à cette icône qui fut la correspondante de ma jeunesse[55]. La voici :

« Chère Sœur Sourire,

Je me souviens encore aujourd'hui comme si c'était hier, de ce jour de 1966 ou 1967 où mon religieux de maître d'école interrompit son cours pour laisser sa classe réservée aux candidats frères joséphites de Kinzambi, écouter la musique qu'un poste de radio dégrénait de façon tonitruante. Il s'agissait de ta belle chanson « Dominique » à la fin de laquelle il nous dit : « C'est une religieuse qui chante ». Grande fut l'étonnement de cette classe de 6ème A du Groupe Scolaire Saint Joseph établi à la mission catholique de Kinzambi créée par les révérends Pères Jésuites au Kwilu, en R.D.Congo : nous étions

[55] Pour afficher cette lettre sur le site, cliquez sur le lien : http://www.jesuismort.com/biographie_celebrite_chercher/biographie_celebrite.php?celebrite=soeur_sourire&id_celebrite=8838&lettre=id:23326.see:l.add:l.form:0.mail:23326-1279188378-798263926.

habitués à voir des religieuses plutôt aphones, discrètes.

Puisque mes parents travaillaient dans cette mission jusqu'en 1971 et que je vivais très proche des choses religieuses (je me destinais à la vie religieuse), c'est dans la bibliothèque privée d'un révérend père jésuite, Albert Dussard, que je passais le plus clair de mon temps des vacances. Je pus ainsi me délecter entre 1966 et 1971, de la panoplie complète de tes chansons que je passai et repassai sur le tourne-disque : Dominique, Fleur de Cactus, Résurrection, Mets ton joli jupon, *etc. J'en vins à t'aimer du fond de mon cœur. Voilà pourquoi en 1973, à la fin de mes humanités je m'en allai demander ton adresse postale aux Révérendes Sœurs de la Providence établies à Kikwit III où, entretemps, mon père avait élu domicile. Tu ne peux imaginer combien fut grande ma déception quand elles m'apprirent avec regret - ou dédain, je ne sais plus, que tu avais quitté la vie religieuse. Quel choc pour moi qui attendais de gagner deux mois plus tard, le noviciat des Frères Joséphites à Kinzambi où, justement, j'avais appris à te connaître comme artiste !*

Je m'étais attaché si fortement à toi que je me résolus quand même à t'écrire à l'adresse du couvent de Fichermont que la sœur m'avait indiquée tant elle avait vu l'ardeur de ma soif à te contacter. Autant j'avais été peiné d'apprendre ta sécularisation, autant je fus heureusement surpris de recevoir un certain jour de fin août 1973, jour de mon arrivée à Kinzambi, et des mains de mon maître de noviciat, ta jolie photo dédicacée et ton cadeau qui devint le tout premier livre de ma bibliothèque, à savoir Vivre sa vérité. *Enfin je savais ce qui t'était advenu, que tu voulais ainsi mieux vivre ton engagement à servir Dieu, loin des formes (accessoires) qui souvent font écran au fond (essentiel). Et surtout je découvris enfin la femme réfléchie que je choisis aussitôt d'être ma « correspondante ». Comme j'aurais tant souhaité que l'Internet existât à cette époque-là; la poste zaïroise était plutôt un frein à l'échange.*

Vivant dans le monde religieux, j'ai pu mesurer l'ampleur de la rancœur que beaucoup de tes anciens admirateurs, belges et religieux surtout, te vouaient au titre de traîtresse. Oui, j'ai vécu les sarcasmes qui t'étaient adressés, comme des blessures internes. Je voulais tant être ton avocat. Hélas, personne ne cherchait à te comprendre. Et avec ta mort en 1985, qui fut pour moi un choc comme tu ne peux savoir, je perdis ta trace pour la retrouver quasiment trente ans après.

Aujourd'hui, j'ai pu découvrir le débat au centre duquel tu te débattais : la contraception, les Beatles et la personne de Jésus elle-même, le concile Vatican II avec son aggiornamento, etc. Tu fus tout simplement merveilleuse, héroïque, avant-gardiste, courageuse face à l'hypocrisie de ce monde, de ceux - roi, peuple, institutions - qui se gavèrent avec orgueil de tes productions. J'ai aussi découvert tes chansons non réellement diffusées, notamment **Elle est morte, Soeur Sourire**. *Quelle grande et belle confession ! J'y retrouve ce vent de liberté et de vérité qui t'habita et qui m'habita aussi quand, deux années après ta mort, je résolus, moi aussi, de quitter la vie de couvent pour être plus proche de la vérité, sans fard.*

Tu n'es pas morte, quand bien même c'est sur le site « jesuismort.com » que je t'écris cette lettre. Tu continues à vivre dans le cœur de ceux qui se reconnurent en toi, qui te choisirent comme mère, comme amie, comme lumière.

Je suis sûr que le Dieu à qui seul tu avais des comptes à rendre, t'a depuis belle lurette rendu une justice juste ».

En effet, pour l'église, cette chanson était audacieuse et sombre ; elle fut absente de la discothèque du père Dussard puisque comme qui dirait déclaré disque *non grata* par l'église catholique.

Ainsi, en cette même année du jubilé d'argent de la mort de cette icône, c'est mon **intellect** qui fut interpellé à cause notamment de cette chanson « **Luc Dominique** »

(1966) où elle annonçait sa mort. Je me surpris à chercher à mieux comprendre cette « mort ». J'appris que cette chanson était la dernière qu'elle composa durant sa vie musicale en tant que dominicaine de Second-Ordre[56].

De fait, c'est en 1966 qu'elle quitta le couvent de Fichermont à Waterloo pour passer dans le Tiers-Ordre dominicain ; elle décida d'entamer une seconde carrière musicale sous le nom de Luc Dominique[57]. Et je réalisai que toute sa production musicale après 1966 était absente de la discothèque du père Albert Dussard. Et pour cause ? Certainement parce que, désormais, aux yeux de l'église, du mouvement charismatique dont elle fut l'effigie à Pittsburgh -y chantant devant 50.000 personnes et 600 évêques - et surtout des Belges, elle était une anti-héroïne. Et la presse à scandale le lui fit bien payer !

Passons sous silence ses déboires avec le fisc et son incapacité à renouer avec son statut de star. En effet, même si elle quitta le monastère pour vivre *dans le monde* « en accord avec le concile Vatican II », comment l'église aurait-elle pu soutenir une vie en décalage avec son temps ? Les textes de Luc Dominique avaient au moins vingt ans d'avance sur Vatican II accusé pourtant lui-même d'être progressiste ?

Elle signa des chansons osées comme en 1967, *La Pilule d'or* qui est une ode à la contraception. Elle écrivit à cette époque des titres plutôt musclés par lesquels elle s'en prenait aux hommes jugés violents et dominateurs ; elle rêvait de voir des femmes-prêtresses ou diaconesses catholiques. Elle s'en prit aussi à l'église catholique et au conservatisme *(Les con-conservateurs).*

On pense que c'est avec le soutien de l'église que la

---

[56] L'Ordre des Dominicains comporte, outre les Frères Prêcheurs (Premier-Ordre), le Second-Ordre (Moniales contemplatives ou apostoliques) et le Tiers-Ordre (Fraternités laïques dominicaines regroupant un ensemble de laïcs désireux de suivre la spiritualité dominicaine tout en restant laïcs).

[57] Lire : DOMINIQUE Luc, *Vivre sa vérité,* Desclée, Paris, 1968.

presse à scandale s'attaqua à l'artiste qu'elle était. Elle ne fut pas reconnue comme une femme aux idées progressistes sur la vie et la religion. Son travail fut ridiculisé.

Comment cela eut-il pu en être autrement ? Quand en 1966, des propos du Beatle John Lennon sur Jésus entraînèrent une importante polémique, Luc Dominique eut le courage de prendre position en faveur du musicien, contre la levée de bouclier des conservateurs américains, mexicains, sud-africains, etc., mais aussi de l'église qui, en 2007 encore, par l'*Osservatore Romano,* considérait avec indulgence ces propos. Elle le fit sans doute au nom de la liberté religieuse chère à Vatican II ! Or Lennon évoquait ses positions sur l'évolution du christianisme, expliquant que la religion de ces années 1960 n'avait plus la même importance qu'auparavant : *« Aujourd'hui, nous sommes plus populaires que Jésus* ». Elle refusa au début de se considérer comme homosexuelle, relation qu'elle assuma finalement pendant les dix dernières années de sa vie.

En fait, se situant entre Vatican II et Mai 1968, elle se passionna pour les nouvelles approches de la théologie, chercha à inventer pour elle-même et pour sa compagne Annie Pêcher, une nouvelle voie religieuse qui se situe entre la vie régulière et la vie séculière. Et c'est justement cette liberté de pensée religieuse que les traditionalistes reprochent à Vatican II.

Cette chanson intitulée ***Luc Dominique*** (1966) est la dernière composition de Sœur Sourire et le premier disque de Luc Dominique.

Refrain :

Elle est morte, Sœur Sourire
Elle est morte, il était temps
J'ai vu voler son âme
A travers les nuages
1. Sur un tapis volant
2. Dans le soleil couchant

Couplet 1 :

Messieurs les journalistes
Et messieurs les disquaires
Sans doute feront critique
Comprendront de travers
Mais que Saint Dominique
Veuille leur pardonner
Toutes les rumeurs publiques
Qu'ils auraient diffusées

Couplet 2 :

Il est certains soupirs
Qu'il faut démystifier
Portrait un peu rapide
Portrait inachevé
Si cet autre visage
Etonne certaines gens
Qu'ils vénèrent l'image
Du sourire d'antan

Couplet 3 :

La race des journalistes
Qui ne connaissent que mon dos
S'essouffle à la chasse
De mon incognito
Car le temps fait peau neuve
Et s'ouvrent les couvents
Les moines se font manœuvres
Cuisiniers ou chantants

Couplet 4 :

La vocation, mes frères
N'est pas de tout repos
Servir Dieu, quelle affaire
C'est s'user jusqu'aux os
Marcher dans l'inquiétude
Et l'incompréhension
Au lieu des certitudes
De bonnes réputations

Couplet 5 :

Je réclame de mes frères
Le droit d'évoluer
De vivre solidaire
Parmi eux, consacrée
En short ou en tunique
Blue jeans ou pyjama
Je n'ajoute en critique
Le Seigneur est mon choix

- **Lettre du cardinal Livio Senepa, évêque de Sestri Levante, au cardinal à la retraite Romane Wolkonsky (Rome, 16 août 1978)**[58]

[Extrait]

Les reproches faits par les traditionnalistes au concile Vatican II

1. **La messe.**

C'est le reproche le plus important, mais, au contraire de ce que l'on pense, il ne s'agit pas essentiellement de la question du latin. Si certains cardinaux, évêques, prêtres et fidèles regrettent la messe traditionnelle de saint Pie V, beaucoup d'autres, en revanche, se sont accommodés de la messe en langue vernaculaire. Mais si nous n'acceptons pas - et les traditionalistes français du cher monseigneur Lefebvre ont été les premiers à donner l'exemple - d'user du nouveau rite défini par Paul VI, ce n'est ni pour des raisons sentimentales, ni par refus inconditionnel de toute réforme, mais parce que, sous couleur d'œcuménisme, ce nouveau rite tend à substituer à la notion du sacrifice celle de **repas.** C'est par fidélité à la conception catholique de la messe, **sacrement du sacrifice de la Croix,** que les intégristes, ou plutôt les traditionalistes repoussent une réforme qui tend à faire de la messe un simple mémorial. Pour parler net, mon cher ami, la réforme liturgique s'est déroulée exactement - langue vulgaire, usage d'une table au lieu d'autel, communion debout et dans la main - de la façon dont Luther s'y était pris pour faire adopter sa nouvelle liturgie, et avec moins de prudence encore. Ce n'est pas tout ! Il nous faut déplorer également la

[58] Publiée par THIERRY Jean-Jacques, *Lettres de Rome sur le singulier trépas de Jean-Paul 1er,* Pierre Belfond, Paris, 1981, pp.33-36.

médiocrité des traductions du latin ; la disparition du chant grégorien ; l'irrespectueux tutoiement de Dieu ; le remplacement de l'orgue par la guitare ; le saccage des églises dépouillées des objets du culte et des ornements ; l'immixtion, dans la « messe », des laïcs qui, peu à peu, concélèbrent avec le prêtre ; la politisation de la liturgie de la parole, celle-ci submergeant la liturgie eucharistique ; sans oublier les séminaires fermés ou vendus à l'encan, etc. Paul VI ne croyait pas si bien dire, quand il s'écriait : « *La fumée de Satan s'est introduite dans l'Eglise !* ». En ce qui me concerne modestement, je me borne depuis longtemps à m'abstenir de pontifier dans ma cathédrale, même les jours de fête de précepte. C'est ma manière à moi de marquer ma réprobation indignée, et je fais litière des monitions que la SRC pour les Sacrements et le Culte divin s'essouffle à m'adresser régulièrement. Don Agrippino, que je prends parfois à témoin de mes saintes colères, me précise que ce dont personne ne veut plus - surtout à l'étranger où ces incongruités se donnent plus librement carrière - c'est de ces déviations, de ces désordres que des prêtres prétendument « à la page » ont mêlés au saint sacrifice : les messes « pop » *(quid* de cette étrange épithète ?), les messes dites œcuméniques et concélébrées par un prêtre catholique et un pasteur protestant - messes qui, canoniquement, ne sont ni licites, ni valides - les églises transformées en music-halls, trop, c'est trop ! ***Non possumus.***

2. Le concile Vatican II.

Ce n'est pas l'esprit primitif du concile et son plan, tel que l'avait entrevu Jean XXIII, que nous contestons, mais, **pendant** le concile, la rédaction des textes, souvent ambiguë, et, **après** le concile, les interprétations et les applications, qui ont achevé de détruire ce qui subsistait de l'esprit initial. Sur ce point, j'accuse une faction agissante - qui s'est infiltrée dans la hiérarchie jusque parmi nous - de s'être servie de la formule « l'esprit du concile » pour faire avaliser toutes les subversions, tous les abandons. Le cardinal Ottaviani, en marge des « ***communistelli*** de sacristie », a découvert parmi les ecclésiastiques « certains pygmées » qui prétendaient confectionner une théologie de leur façon. Ces novateurs n'ont pas osé attaquer de front la doctrine, alors ils s'en sont pris à la liturgie. Mais toucher à celle-ci, c'était atteindre celle-là. Grâce à eux, de la réforme conciliaire, comme du rite millénaire de saint Pie V, il ne reste plus aujourd'hui que des décombres. *Quel chef u, non è [Ce qui fut n'est plus]*.

3. Le nouveau catéchisme.

Dans l'actuelle catéchèse, on retrouve les mêmes désordres. Sous prétexte d'adaptation, de mise à jour, on enseigne n'importe quoi aux enfants, excepté la religion catholique. D'ailleurs, les erreurs doctrinales sont nombreuses. Ainsi, dans le Nouveau Missel des dimanches, il est dit, à propos de la messe, qu'il s'agit seulement de « faire mémoire de l'unique sacrifice déjà accompli », ce qui revient à nier la présence réelle du Christ dans le sacrement de l'autel. Or cela est une hérésie qui fut jadis condamnée par le concile de Trente. De même, la nouvelle traduction du « Notre Père » a substitué à la phrase « *Ne nous laissez pas succomber à la tentation* », cette autre, sibylline : « *Ne nous soumets pas à la tentation* », comme si Dieu était le diable et pouvait tenter ses créatures !

4. La politique à l'église.

Je reproche vivement à la conférence épiscopale française, pour ne citer qu'elle, d'avoir solennellement déclaré que « *désormais, la politique se situe au niveau des fins ultimes et essentielles* » de l'homme. Or, que je sache, Eminence, la finalité essentielle de l'homme, c'est Dieu.

Si l'on se reporte à l'Evangile, on s'aperçoit qu'à aucun moment, ni de près ni de loin, pas plus Pierre que les autres apôtres, ni individuellement, ni collégialement, n'ont été investis de la moindre mission politique. L'évangile est une force de libération transcendante, indépendante de tout régime politique ou économique : il est la « bonne nouvelle » pour tous les hommes. Or, aujourd'hui, la politique ronge la hiérarchie catholique de la base jusqu'au sommet. De plus, de nombreux clercs - et pas seulement des clercs, hélas ! - entretiennent l'idée fausse que le christianisme et le marxisme poursuivent le même but. En écrivant ces lignes, je pense, comme vous l'imaginez, mon cher ami, au cardinal Marty, archevêque de Paris, qui a appris les belles manières en se frottant à quelques fauteuils aristocratiques. S'il va au ciel un jour, ce qui est improbable, il ira en « 2 CV ». N'en doutez pas, si j'avais eu un présent à lui faire, je lui aurais offert un sac de voyage. Heureusement, il part à la retraite, ou plutôt il s'en va !

5. La perte du sens du sacré.

Sous ce terme, je rangerai différents griefs qui vont des hosties remplacées par du pain de boulangerie à l'habit des prêtres, en passant par la tenue ou plutôt le manque de tenue des clercs, prêtres, évêques et même cardinaux. Et d'abord, je reviens à la communion donnée dans la main, pour dire que cette pratique choque de nombreux croyants qui ont été élevés dans le respect absolu du corps du Christ, lequel, pour eux, ne peut être touché que par des mains consacrées. De même, beaucoup regrettent l'abandon de la confession pour d'illusoires cérémonies pénitentiaires avec absolutions collectives. Mais comme disait Lacordaire : « Tout homme de bonne foi peut se convaincre avec très peu de travail que l'enchaînement des faits chrétiens est au-dessus des forces humaines si on les suppose faux, et encore au-dessus des forces humaines s'ils sont vrais ».

Mais que dire, Eminence, de ces carêmes-prenants qui, reniant la soutane de leur ordination, défigurent le sacerdoce en le vouant à l'anonymat ! Je sais bien que le port de la soutane n'est de coutume que dans certains pays, Italie, Espagne, France, par exemple. Mais j'ai vu, l'autre jour, dans un magazine parisien que Don Agrippino avait oublié sur son bureau, la photographie d'un évêque français en complet veston. *Magnum scandalum* ! Celui qui a dit que l'habit ne fait pas le moine a eu tort, et je ne sais rien de plus contraire à la gravité de l'état ecclésiastique que le port du costume citadin, voire de clergyman qui ne fait qu'accentuer la confusion entre le religieux et le laïc, quand il n'achève pas de convaincre les catholiques du désir de Rome de fusionner avec les protestants ! Que faire, mon cher ami ? *Roma locuta est... (Rome a parlé).* Quant au débraillé, au laisser-aller du clergé de certains pays, clergé qui balance entre l'hostie et le vin rouge, le célibat et le mariage, le stupre et la continence, le sacerdoce et la réduction à l'état laïc, j'y vois la marque sûre, indélébile de la disparition du sentiment religieux, pour ne rien dire de l'honneur, des vœux et de la foi jurée qui ne sont que broutilles pour ces démagogues déliquescents. Certes, nous ne sommes plus au temps où saint Pie X, alors évêque de Mantoue, interdisait à ses prêtres d'aller à bicyclette parce que cela ne lui paraissait pas convenable, mais quoi, *tempi passait* ! D'ailleurs un clergé ne vaut que ce que vaut son peuple ; un peu moins, peut-être, ne pensez-vous pas ?

Autre chose : pourquoi accompagner l'appel à l'engagement temporel (pour une plus grande justice dans le monde) d'une dépréciation de l'engagement spirituel ? Pourquoi dire que la prière n'est pas aussi essentielle que l'engagement temporel ? Pourquoi, sous prétexte d'action, annihiler toute vie spirituelle, sous prétexte de promouvoir l'homme, abolir Dieu ?

6. Le cas de Monseigneur Lefebvre[59].

Pourquoi condamner l'ex-archevêque de Tulle, auquel Jean XXIII eût confié un grand diocèse, si l'épiscopat français n'avait multiplié les intrigues et poussé les hauts cris, mais ils sont presque tous « de gauche » là-bas, vous savez, alors que ne sont inquiétés ni le père dominicain Cardonnel qui met en doute l'existence de Dieu, ni le prêtre allemand Hans Küng qui ne reconnaît pas l'infaillibilité du pape (et qui, mis en demeure de comparaître devant la SRC pour la Doctrine de la foi, refuse toujours d'obéir), ni le père Moingt qui se déclare favorable au divorce, ni l'abbé Lionel qui a créé une « pastorale pour les homosexuels », ni tel obscur évêque dont j'oublie le nom, qui nie la Sainte-Trinité, ni tel autre qui conteste le baptême ?

Pourquoi s'acharner sur les traditionalistes, alors que les modernistes ou les progressistes sont partout dans l'église ? Pourquoi enfin ne pas laisser se poursuivre l'expérience de la tradition, alors que l'église accueille et encourage toutes sortes de tentatives pastorales et ouvre les bras aux musulmans, aux protestants, etc. Car, comme il est dit dans les *Actes des Apôtres :* « S'ils sont de Dieu, ils survivront ; s'ils ne sont pas de Dieu, ils mourront ». Mais le Vatican croit-il encore en Dieu ?

---

[59] Rome pratiqua vis-à-vis d'Ecône une politique d'usure, attendant la fin « par extinction » de Mgr Lefebvre et des vocations par lassitude des disciples. Mais la fracture était très profonde et partagée. Et au grand dam de Rome qui tablait sur un esprit d'obéissance dont les racines étaient supposées plonger fort loin dans son âme, Mgr Lefebvre ne fut pas contraint à résipiscence, même *in articulo mortis*. Rome vécut donc comme un cauchemar, le sacre d'évêques qui assurait ainsi succession et continuité au mouvement, avec à la clé l'éventualité d'une excommunication et d'un schisme.

GLOSSAIRE

Aula :

Dans certaines universités, c'est la salle d'actes, la salle de fêtes ou, tout simplement, une salle garnie de gradins où se déroulent des cours. Durant le concile Vatican II, c'est la basilique Saint-Pierre qui fut ainsi aménagée.

Aggiornamento :

Terme italien qui a donné lieu à bien de débats, il signifie littéralement « mise à jour ». Il fut utilisé avec plusieurs nuances, par Jean XXIII, puis par les évêques et les médias pendant le concile Vatican II pour désigner une volonté de changement, d'ouverture et de modernité. Pour Jean XXIII, cette mise à jour du catholicisme (adaptation de l'église au dessein de Dieu et à sa volonté de salut d'une part et, d'autre part, aux nouvelles circonstances, dans le but d'adapter, corriger, améliorer et se remplir de ferveur) était un préalable pour un appel à l'unité des chrétiens, c'est-à-dire pour l'acheminement vers le regroupement de tout le troupeau mystique de Jésus.

Cursor (au pl. : cursores) :

Dans la Rome latine, ce mot servait à désigner soit le coureur qui fournit une course dans le stade (Cic. *Tusc.* II, 23 ; Nepos, *Milt.* 4), soit le jockey de course (Ovid. *Pont.* III, 9, 26), soit le piéton ou messager particulier qui porte les lettres à pied ou à cheval (Mart. III, 100 ; Suet. *Nero,* 49), soit enfin l'esclave employé par les hauts personnages pour précéder à pied leurs voitures (Senec. *Epist.* 126 ; Mart. *Ep.* III, 47, 14). A Vatican II, il servit pour désigner les jeunes, tous d'abord séminaristes séculiers et réguliers, ensuite prêtres généralement secrétaires de curies épiscopales, utilisés comme coursiers et donc se comportant comme de véritables coureurs dans ce concile moderne.

Non-Placet :

« Ce n'est pas satisfaisant ». Il s'agit d'un vote formellement négatif lors d'un conseil de la hiérarchie ecclésiastique.

Peritus (au pl. : periti) :

Théologien qui, dans l'église catholique romaine, fait office de consultant lors d'un concile œcuménique. A Vatican II, des *periti* accompagnaient certains évêques individuellement ou certains groupes d'évêques de différents pays. D'autres furent nommés officiellement conseillers pour la totalité du concile.

On désigna aussi comme *periti* (même s'ils ne l'étaient pas officiellement), les théologiens et les conseillers en théologie des principaux participants du concile. Parmi ceux-ci, on peut citer le jésuite et dogmaticien allemand Karl Rahner au service du cardinal Franz Kônig, archevêque de Vienne) ; l'allemand Joseph Ratzinger, *peritus* du cardinal Joseph Frings, archevêque de Cologne, lors de la première session, puis pour la totalité du concile à partir de la deuxième session ; les français jésuites Henri de Lubac et Jean Danielou, et dominicain Yves Congar ; ainsi que Marie-Dominique Chenu et Edward Schillebeeckx. Il y avait aussi à Vatican II, des théologiens dits « conciliaires » ; ils travaillaient en étroite collaboration avec les évêques, notamment l'allemand Hans Küng (*peritus* pour l'évêque de Rottenburg en 1962-1963, puis auprès du concile)[60].

Les *periti* de Vatican II, parfois considérés comme

---

[60] Ces théologiens ont beaucoup écrit. On devrait pouvoir citer ici : CONGAR Yves, *Mon journal du concile,* Ed. du Cerf, 2000.

progressistes et réformateurs, ont eu quelques débats avec les membres plus conservateurs du Coetus Internationalis Patrum.

Placet :

Littéralement: *« C'est satisfaisant ».* C'est l'expression d'un vote affirmatif lors d'un conseil général et quand Rome doit prendre des décisions sur des points controversés. Il s'applique aussi à diverses situations où le jugement ou l'accord des votants expriment ou affectent l'enseignement ou la juridiction de l'église.

Placet Iuxta Modum (au pl.: placet iuxta modi) :

« Ce n'est pas entièrement satisfaisant ». Ce vote d'un évêque à un conseil provincial ou œcuménique est qualifié, même s'il est par essence positif.

DU MEME AUTEUR

(en rapport quasi direct avec Mgr Joseph Guffens)

A. Article et chapitre d'ouvrage

- « Mgr Joseph Guffens, 1895-1973 : une expérience enrichissante pour l'Eglise d'Afrique aujourd'hui », in *Revue de Spiritualité Africaine*, t.1, n°1, 1995, pp.79-95.
- « Sans cesse, sans honte, au service de l'amour. Frère Alphonse Fumusangi Azida – Fafa (1920-2005) », in CORLAN-IOAN Simona (ed.), *Negru pe alb. Memori, istorii, identitati în Africa francofona*, Institutul Cultural Roman, Bucuresti, 2006, pp. 273-297.

B. Ouvrages

- *Préparer un peuple parfait. Mgr Joseph Guffens. 1895-1973*, Kinshasa, Editions Saint Paul Afrique, 1992, préface de Ndaywel è Nziem, photos, carte.

- *Le Kwilu à l'épreuve du pluralisme identitaire*, Paris, L'Harmattan, 2009, préface d'Elikia M'Bokolo, cartes, planches, tableaux.

- *Papa Daniel Palambwa Andzwa Empak. L'école de mon patelin*, Kinshasa, Editions du Lomami, 2016.

L'HARMATTAN ITALIA
Via Degli Artisti 15; 10124 Torino
harmattan.italia@gmail.com

L'HARMATTAN HONGRIE
Könyvesbolt ; Kossuth L. u. 14-16
1053 Budapest

L'HARMATTAN KINSHASA
185, avenue Nyangwe
Commune de Lingwala
Kinshasa, R.D. Congo
(00243) 998697603 ou (00243) 999229662

L'HARMATTAN CONGO
67, av. E. P. Lumumba
Bât. – Congo Pharmacie (Bib. Nat.)
BP2874 Brazzaville
harmattan.congo@yahoo.fr

L'HARMATTAN GUINÉE
Almamya Rue KA 028, en face
du restaurant Le Cèdre
OKB agency BP 3470 Conakry
(00224) 657 20 85 08 / 664 28 91 96
harmattanguinee@yahoo.fr

L'HARMATTAN MALI
Rue 73, Porte 536, Niamakoro,
Cité Unicef, Bamako
Tél. 00 (223) 20205724 / +(223) 76378082
poudiougopaul@yahoo.fr
pp.harmattan@gmail.com

L'HARMATTAN CAMEROUN
BP 11486
Face à la SNI, immeuble Don Bosco
Yaoundé
(00237) 99 76 61 66
harmattancam@yahoo.fr

L'HARMATTAN CÔTE D'IVOIRE
Résidence Karl / cité des arts
Abidjan-Cocody 03 BP 1588 Abidjan 03
(00225) 05 77 87 31
etien_nda@yahoo.fr

L'HARMATTAN BURKINA
Penou Achille Some
Ouagadougou
(+226) 70 26 88 27

L'HARMATTAN SÉNÉGAL
10 VDN en face Mermoz, après le pont de Fann
BP 45034 Dakar Fann
33 825 98 58 / 33 860 9858
senharmattan@gmail.com / senlibraire@gmail.com
www.harmattansenegal.com

L'HARMATTAN BÉNIN
ISOR-BENIN
01 BP 359 COTONOU-RP
Quartier Gbèdjromèdé,
Rue Agbélenco, Lot 1247 I
Tél : 00 229 21 32 53 79
christian_dablaka123@yahoo.fr

Achevé d'imprimer par Corlet Numérique - 14110 Condé-sur-Noireau
N° d'Imprimeur : 131516 - Dépôt légal : septembre 2016 - *Imprimé en France*